新版
子どもと生きる教師の一日

家本芳郎 著

高文研

――はじめに

朝から夜、再びめぐってつぎの日の朝まで、教師の一日を追ってみた。そのなかで、だれも教えてくれない教師の生活のありようを、これまでの教師論の座標軸を少しはずしてトピックス的に書いてみた。子どもたちが大きく変わってきたので、教師も考えなおさないといけない――という問題意識からである。

しかし、誤解してもらっては困ることがある。それは、これを読んで、「こりゃたいへんだ、これではとても自分は教師が勤まらない」と驚かないでほしいということだ。じつは、ここに書いたことは、ほとんど自分がやろうとしてできなかったことである。このなかの一つだって、できればたいしたものなんだ、とずっと自分にいいきかせてきたことなのである。

ここに描いたうまくない教師像は、すべてわたしの経験がもとになっている。うまくいかないたびに、先輩や仲間の教師に忠告され教えられてきた。また、全国生活指導研究協議会の仲間にも教えられてきた。

教師は失敗をくりかえして成長するが、日本の教師が、できれば同じ失敗をくりかえさないために、わたしの受けた忠告や教えられたことを伝えたいと思って書いた。

それは、「教師とはこうあるべきではないか」ということなのだが、それを知らないより知っていたほうがいいと思う。知っていれば、いつかはやれる機会が訪れる。その機会に賭けて伝えたいと考えた。

一年に一つずつ、それも楽しくやれそうなことから取り組んでもらえたら、と思う。

今日、教師への風当たりは強い。教育のさまざまな問題をぜんぶ教師のせいにする論評もある。わたしはとんでもないと思い、そのことには怒りを感じている。熱心な教師を挫折させる大きな力がはたらいているのである。

だが、だからといって手をこまぬいているわけにはいかない。現に、目の前にいる子どもたちをどうするのか。世の中が悪いといっただけですむ問題ではない。なにかをはじめなくてはならないのだ。

本書が、これからの教師生活の役に立てば幸いだと思う。

もくじ

カバー・本文イラスト――広中 建次
装丁・商業デザインセンター――増田 絵里

1 出勤したら教室へ行ってみる

朝すこし早めに学校に行く。職員室へ荷物をおいて、ぶらっとクラスに行ってみる。もう何人かの生徒が登校している。「やあ、お早う!」と声をかける。

ノートを出して勉強してる子どもがいる。「なんだ。朝勉か」というとニヤッと笑って、「宿題、忘れちゃったんだ」「そうか。がんばれよ」と頭をなでてから、ふらふらしてる子どもたちに「窓をあけようぜ。ああ、今日はいい天気だな。大楠山《おおくすやま》がよく見えるぞ」と、かれらをうながしていっしょに窓をあける。

つぎつぎに子どもたちが登校してくる。「先生、早いね」「先生、今日、国語の豆テストやるんでしょ?」「先生、いいネクタイしてるじゃ」。そんな子どもたちの問いかけに答えながら、子どもとの人間的距離を縮めていく。教師と子どもとの人間関係はこうした日常的な会話が基

礎である。管理主義教育は教師からの一方的な注意に終始し、子どもと親しく話しあえない教師をふやした。日常的な会話、俗にいう世間話、バカ話ができなければ、高い話もできないだろう。

朝の教室は昨日の子どもたちの生活をうつしだしている。ゴミが落ちている。ホーキが散乱している。水のこぼれた跡がある。机が曲がっている。チョークの粉で床がまっ白になっている。黒板に相合傘が描かれている。きのうの放課後、見てまわったあとで、だれかが教室で暴れまわったのだろうか。

曲がった机をなおし、床を拾い掃きし、ホーキを片づけ黒板を消させる。子どもといっしょにきれいにする。

また子どもたちが入ってくる。ぶすっと入ってくる子どももいる。ドカンとカバンを投げだす子どももいる。「朝の出がけになにかあったのかなあ」と思う。教室に入ってくる子どもの表情・姿態に、ふだん教師には見せない子どもの家庭や人生の断片をかいま見ることができる。

こうして五分くらい教室にいて、「今日の朝の司会は三班だったな。きのうのはじまりはおくれたから、今日はベルとともにはじめろよ。ホラ、もう、ここにきて用意してろ」と励まして職員室へもどる。

もどりながら、「さて、今日の学級つくりの目玉はなににしようかな」「だれにいつどこでアプローチしようかな」と考える。荒れる放課後の教室の管理をどうしようか。ドカンとカバンを投げ出した子どもにどう話しかけようか——。

教師のしごとは、こんな細かいことにこだわりながら発想され、創造されていくのである。

時間ギリギリに出勤し、茶を飲み、プロ野球の話をする。それが悪いというのではない。そうする前に、自然に足が自分のクラスのほうに向いてしまうのが、教師の業《ごう》というものである。

わたしは別に、朝早く出勤し、始業前に自分の教室を点検すべきだ——それが担任の義務だと声高に主張し、教師集団の約束事にしろといっているのではない。まして、教師の職業上の必要として、月給の一部としてやるべきだといっているのでもない。

こういうことは、いやいややったって、けっして長続きするものではない。いやいややれば、子どもたちはすぐにそれを察し、「監視にくるのだ」と思い、「朝っぱらから、なんだ！」と不愉快になってしまう。「先生、お早う」と親しく声をかける子どももいなくなる。

教師になったころ、先輩教師たちが、みんなそうしていた。そうするものなのかと聞くと、教師の職業上の義務としてやるべきといわれた。しかし、交通事情も悪くなり、雑務もやたらにふえ、朝の一刻もムダにできないようになってきた。今と昔とはちがう。

しかし、朝一日のはじまる前に、まず何はともあれ自分のクラスの子どもの顔を見、主戦場たる教室を見ずにはいられない——朝、学校へ着くと自然に足が教室に向いてしまう、そうせずにはいられないのが、教師のボディというものだろう。

そういう教師になりたいと思う。

2 見えざる出席者のこと

朝、どこの職場でも教職員の打ち合わせ会がある。

学校は、この毎朝の打ち合わせ会をはじめ、ひっきりなしに会議が開かれる。職員会、学年会、各種の委員会、教科打ち合わせ会と、月間行事予定表のなかから会議のない日を捜すことはむずかしい。

そういう会議に出席するとき、教師として忘れてならないことがある。

それは、いつも自分のクラスの子どもたちとその後ろにいる保護者たちを背負って参加するのだということである。学級をもたない教師は、それぞれの立場で接触する子どもたちとその保護者の顔を思い浮かべながら出席すればよい。

管理職が提案し、教務主任が説明し、係の教師が報告する。それらを聞きながら、さて、クラスの子どもたち、その背後の保護者たちにとって、それはいい話なのか、悪い話なのか、利益になる報告なのか、損する方針なのか、さてまた、クラスの子どもたち、保護者たちの願いや要求に合致した提案なのか、とまず考える。自分がやりたい、やりたくない、できる、できないは二の次のことである。

学校というところは、すべて子どもの発達をうながす目的にむけて機能しなければならない。だから教師は、つねに、「これが子どもをどう成長させ発達させるのか」と考え、また、そのために税金を払い心を痛めている保護者の要求にこたえようとする。それは当然のことである。

この原則に立って話を聞き、提案を受け、ときに質問し、意見を述べる。子どもを大切にし、保護者と手を結ぶというのは、一方で天下国家を論じながら、一方ではこんなことからはじまるのである。

◑――朝の職員打ち合わせ会

朝の教職員の打ち合わせ会もそうである。

「夏服は六月十日からと校則できまっています。それなのに、もう上着を脱いでいる子どもがいます。厳重にご指導してください」

こんな内容が係から要求される。

このとき、クラスの子どもを背負った教師は、すぐ汗かきの渡辺くんを思い浮かべることが

できる。

待てよ、汗かきの暑がり屋の渡辺くんは我慢できるだろうか、日中ひどく暑くなったとき、あの厚い制服を着せておいていいのだろうか、いや渡辺くんばかりじゃない。

「ちょっと質問します。わたしのクラスに渡辺くんという汗かきの暑がり屋くんがいるんですが……」

と質問し、答弁によっては再質問したり意見を述べる。

その学校がいい学校か、だめな学校か、すぐれた教師たちがいるのか、いないのかは、会議のなかで、どれだけ、子どもの名前が出、子どもの作文、日記、班日誌が読まれ、保護者や子どもたちのなまなましい率直な考えや意見が紹介されるかにかかっているといってよい。だめな学校はつねに子どもの名前は秘匿《ひとく》され、子どもや保護者の要求は無視される。

学校のなすことすること、すべて正しいとは限らない。子どもや保護者の身になって考えてみると、意外に「腑《ふ》に落ちない」ことが多い。とくに朝の打ち合わせ会は短い時間だから経済性が優先し、

「放課後の音楽室のピアノの使用を禁止しますので生徒に連絡してください」

「昼食休み、砂場でのあそびを禁止します」

「今日はとくに校門近くであそばないようにご指導ください」

と、すでに幹部教師の了解事項なのだろうか、なんの理由説明もなく係から伝達されることがある。黙っていたら、それは了解されたことになるのがこの会の約束事である。

このようなとき子どもや保護者はその場にいないわけだから、その立場に立った教師が、かわって質問し意見を述べてやらなければならない。

そういうと、「教師の立場を忘れては困る」というが、教師の立場とは、子どもの立場、保護者の立場なのである。学校にはほかのどんな立場もないのである。

そうするには、教師は、つねに子どもたちはなにを望み、保護者たちはなにを要求しているのか、いつも知っていなくてはならない。知ったうえで、その望みと要求を手にし、それを背

負って会議へ出席するのである。

そうなると、朝の打ち合わせ会もまんざらつまらぬ会とはいえなくなってくる。いつ子どもや保護者を忘れた、うっかりした提案や報告がおこなわれないともかぎらないからである。

3 子どもの身になって考える

子どもたちを背負って朝の打ち合わせ会に出席する。このことは、子どもの身になって参加するということである。

「体育委員会を三時三〇分から生徒会室で開きます。このごろ欠席やちこくがめだちますので、よろしくご指導おねがいします」

こんな連絡がある。

子どもの身になって考えることのできない教師は、朝の教室に行って、

「今日、体育委員会が開かれるそうだ。時間は三時三〇分。場所は生徒会室。体育委員はちゃんと出席しろ。ちこくしたり、サボったりするな。いいか、分かったな」

などと伝達する。

こういう教師は、「……そうだ」などと他人事みたいにいう。またときには、「この学校では……」などと傍観者的・第三者的にいって、内心得意がったりする。いかにも自分は関係ないといわんばかりで、それを聞いた子どもたちがどう感ずるかに思いをはせることはない。


子どもの身になって考える教師は、連絡を聞きながら、

「待てよ。『開きます』とは変だな」と思う。生徒の会議は、関係教師を通して必ず全教職員に伝達されるのは正しい。しかし、生徒会の委員会だったら、「開かれます」と伝達するのがふつうである。「開きます」というからには、よほどのことができて、「教師が開きます」「教師が招集します」となったにちがいない。それとも、生徒会の委員会が教師の御用機関になっていて、教師がかってに開こうとしているのか。

だいいち、なんの目的で会議が開かれるのかわからない。わからなければ子どもに伝えたときに、「先生、なにやるの」と聞かれても答えられない。「なんだかわからないが会議がある」では無責任。出席する子どもも不安である。それに、会議目的がわからなければ指導できない。ただ「欠席するな、ちこくするな」というだけでは、指導とはいえないからである。

指導とは、たとえば、体育委員を呼んで、「今日の体育委員会できみはどういう要求や意見を

出すつもりかね」と問い、「そうか、それはいい意見だ。しかし、その意見はみんなの賛成を得ることはむつかしいぞ。会場に少し早めに行って、よそのクラスの賛成をとるよう根まわししておくといい。じゃ、がんばれよ」。あるいは、答えた内容に指導を加え、「じゃ、がんばってやれよ。ちこくすると、せっかくのきみたちの発言内容が軽く見られるからな」程度のことをいってやって、はじめて欠席・ちこくを指導したといえるのである。

だとすると、係の連絡を黙って聞いているわけにはいかない。「体育委員会の議事はなんですか」と質問する。と、「あっ、すいません。じつは学級のボールの使用がだらしないので、すこし叱ろうと思います」と聞き出すことができる。

ときには係の教師が「じつは、わたしも分からないのです。教頭先生からいわれたものですから」と内情がバレてしまい、「そういうのはおかしいんじゃないですか」と批判されることもおこってくる。

朝の短い時間内でのことだから、あまりしつっこくくどくどとやるのは遠慮したいが、しかし、分からなければ「どういうようにだらしないのでしょうか」と聞いてみる。時間がなければ、あとで聞きに行ってもよい。

会議の目的、議事の内容がわかると、体育委員への指導もいっそう具体的になる。そうすれば、子どもは目的をもって会議に参加することができるし、あらかじめ発言内容など準備しておくこともできる。

ときに具体的な指導をしなくても、「がんばれよ」と励ますだけで、子どもをいきいきさせることができる。子どものやる気は、こういう教師のちょっとした励ましのことばがつくりだすのである。そういう子どもの目は、委員会でキラキラ輝いている。

子どもの身になって会議に参加することは、教師にとっては指導の手がかりや見通しをつかむことにもなるのである。

◑——朝の職員打ち合わせ会

4 第一声は明るく晴れやかに

朝の会は、教師がまず「お早うございます」と朗らかな明るい大きな声で挨拶し、それから生気ある姿態にいきいきとした表情をのせ、快活な調子で話しはじめなければならない。

子どもたちの朝の表情は複雑である。やる気のある顔もあれば、澱《よど》んだ陰鬱《いんうつ》な表情もある。朝っぱらから夫婦げんかを見てきた子どももいれば、親に怒られた子ども、きょうだい喧嘩した子ども、あるいは、親しい友だちが迎えにきてくれず、ほかの友人と連れだって行ってしまったという友情の裏切りにあった子ども、また、寝不足でまだ覚醒《かくせい》していなかったり、今日は嫌いな勉強ばかりで憂鬱だったり、宿題忘れちゃったけど、どうしようと困っていたり、クラブ活動のことが心配でいらついていたりと、表情はその心を映してさまざまである。

しかし、教師が「お早うございます!」と挨拶したとたん、そうした心の屈託はふっとび、

「よし、今日一日がはじまるぞ、がんばるぞ」とやる気がふつふつとわきおこってくるようにしたい。つまり、「お早うございます！」、この挨拶で子どもたちの暗雲を一挙に吹きとばす。子どもの心が晴れやかになると、いきいきした表情で話す教師の顔を見ながら、「今日一日、この先生といっしょに勉強できるぼくは幸せだなあ」と思うようになる。

そうするには、明るく朗らかに話すことができ、全身に清新な躍動した生気が表現できなくてはならない。

陰鬱なくぐもった調子で「お早う」といったのでは、「ああ、また学校のはじまりかあ」。ついで、くぐもった弛緩《しかん》した話しかたが続けば、「やれやれ、この先生と今日も一日つきあうのか、つらいなあ」となってしまう。

学級にはいつも快活で楽天的なトーンが支配していなければならない。そのトーンが学級の情動的な推力となる。

では、だれが前進的なトーンを決定するのか。朗らかな子ども、おもしろい子ども、笑いころげる子どもか。そうではない。教師なのである。教師が決定するのである。たとえクラスの子ども全員がネクラだとしても、それを明るい表情に変えるのは、教師なのである。

学級の明るいトーンは、まず朝の教師の明るい挨拶、話しかた、ゆたかな包みこむような表情、躍動する姿態によってつくりはじめるのである。

とくに、明るい声がほしい。ざらついた弱々しい声、小さな声はよくない。子どもたちの胸にとどくようにはっきりした発声で、一つ一つのことばがタマになって発音されなくてはならない。つぎに自信ある語り口がほしい。おどおどした語り口、弁解がましい皮肉っぽい語り口は、子どもたちに不安といらだちを感じさせる。さらに、大きな声、小さな声、柔らかな声、とつとつとした声、鋭くとがった声が自在であってほしい。

表情のゆたかさもほしい。身ぶり手ぶりもあったほうがよい。とくに声の小さい教師は、身体全体を使って表現するとよい。

こうした教師の話しかた、ゆたかな表情と生気にみちた姿態で、明るい朝を出発したい。その第一声が、「お早うございます！」である。

5 工夫したい出欠席調べ

朝のホームルームで担任のなすべき重要なしごとの一つに、出欠席の確認がある。最近ではどこの学校も朝のホームルームは時間が短く、担任が全員の名を呼ぶということはなくなっているようだが、毎日とはいわない、ときには全員の名前を呼んでみたらどうだろう。名前を呼びながら、

「安藤克二。その顔は、きょうは宿題をやってきたぞって顔だな」

「石渡和彦。お母さんの具合どうだ、よくなったかな」

「大槻一彦。そうだ、理科の先生にあやまっとけよ。班長、いっしょに行ってやれ」

「工藤竜二。おっ、今日はちこくしなかったな、えらいぞ」

「浅見政子。顔色、悪いが大丈夫かな。保健委員、注意してみてあげろよ」

「井上知子。腹いっぱい朝飯食べてきたかな」

「小松明子。もう治ったか。むりするな。体育の授業、見学したほうがいいだろう」
「佐原信子。あの子猫どうした。拾って帰ったのか。かわいがってやれよ」

と、声をかけてみたらどうだろうか。それぞれの子どもの、それぞれの状況にあったことばでいいのである。ちょっとしたことば、その子どもにしか通用しない内容であってもいい。たとえば、昨日の下校時間に街で捨て猫とたわむれていた佐原信子に、「あの子猫、どうした」と聞いたようにである。

むろん、義務としてやれといっているのではない。教師というのは、たえずあの子どもは、この子どもは、と考えずにはいられないもののことである。そういう子どもへの愛が、朝、一番に教師の口から飛びださずにはいられなくしているのである。

ところが、いざやってみると、とても一人ひとりにことばをかけられない。愛だけではできないのである。

「安藤克二……エー、授業をまじめにやれ」
「石渡和彦、エーと、そうじサボるな。いいか。班長、よく監視しとけ」

といった管理的な注意をむりにひねりだすことにしかならないのである。しかし、なにかことばをかけられるほうはまだましで、

「大槻一彦。ウム。ウ、ウ……ウ……いたか」

などと絶句してしまって、かえって逆効果になってしまう。

めだった子どもたち、ズッコケ連中には、なんとかことばはかけられるが、中間層の子ども、おとなしい子どもには、かけることばが出てこない。

実際やってみると、一人ひとりの子どもをいかに見ていないか、わかる。

そこで一念発起し、たまにでいいから、呼名しながらことばをかけてみようと決意してみたらどうだろう。そうなるとうかうかしていられない。一人ひとりの子どもを注意深く観察し、声をかけ、話し込んでみなくてはならなくなる。

そういう眼で子どもを見ていくと、今まで見えなかった子どもの姿がはっきり見えてくる。今日の子ども特有の空々しい能面のような表情の下に、それなりのかくされたドラマを発見することができる。成長しようとする熱い胸のうちがすけて見えてくる。

朝の出欠席のとりかた一つ変えてみるだけで、一人ひとりの子どもを見ようとし、そのことで教師自身が大きく成長するのである。

6 子どもの表情を読みとる

朝の出欠席調査は、欠席者を確認するだけではない。出席者も調査するのである。出席者を確認し、観察するのである。

教師は、この観察の技術をもつ必要がある。子どもを見て「なにかおかしい」「なにかあるんじゃないか」と感じとるカンも、この観察から得られた概括的な認識がもとになっている。

朝の会での観察は、すわっている子どもの表情や姿態をとらえるのである。

さて、なにを観察するのかというと、①健康状態、②心の動き、である。

健康状態はまず顔色にあらわれる。いつもとちがう顔色なら、身体に異変が起こっていると考えてよい。

顔色を見ながら、表情も見ていく。「なにか浮かない顔」をしているとすれば、心に屈託のある証拠である。心の動きも表情にあらわれる。

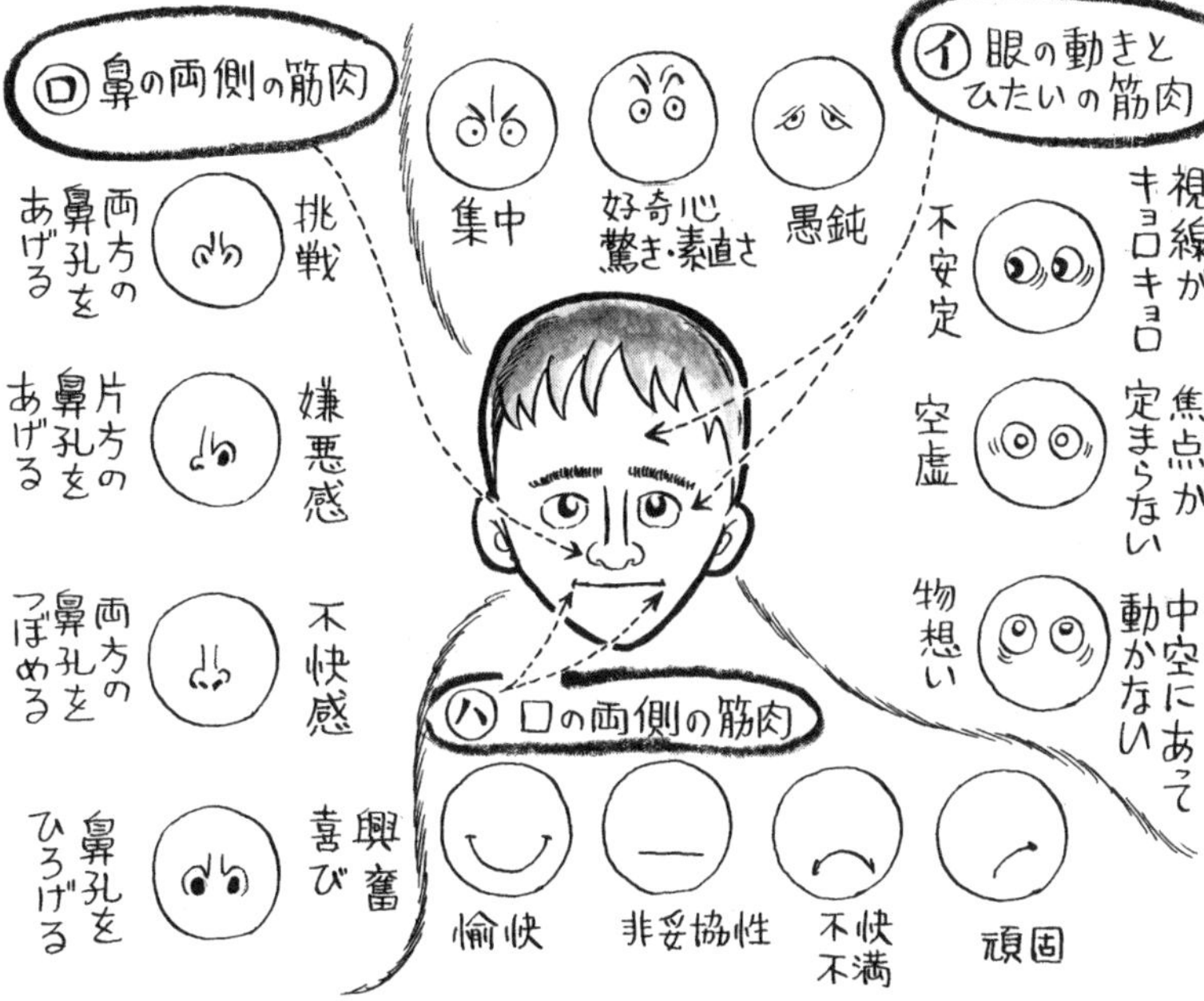

表情の観察には基本がある。イ、眼の動きとひたいの筋肉、ロ、鼻の両側の筋肉、ハ、口の両端の筋肉の動きである。

視線がキョロキョロしている子ども、視線の焦点が定まっていない子ども、中空にあってじっと動かない子どもがいる。不安定、空虚、物想いという心の動きが眼の動きにあらわれているのである。

ひたいは、しわやまぶたを見る。両方の眉をよせ、ひたいにたてのしわができるのは、集中の努力、眉を上げ、ひたいに横のしわをよせるのは、好奇心・驚き・率直さをあらわす。加えてまぶたがさがり眼が細くなっているときは、愚鈍をあらわす。分かっていないのである。

鼻の動きも心をあらわす。両方の鼻孔をあ

げるのは挑戦。嫌悪感は片方の鼻孔をあげる。両方の鼻孔をつぼめると不快感。ひろげるのは興奮や喜びをあらわす。

口元もそうである。口の両端をあげるのは愉快な気分。一文字に薄く結ぶのは非妥協性、両端を下げるのは不快・不満。片方の端を上げるのは頑固さの表現である。

観察にはもう一つ、姿勢がある。指、手、腕、ひじ、肩の動きである。

たとえば、手のひらを上にむけているときは、開放・率直さの表現、ときに懇願や暴露をあらわす。

たえず動いている手、固く握られている手は神経質、嘘をつく手のひらは下を向いている。攻撃するとき、手は大腿部の上の部分におかれ、いつでも出動できるようになっている。やたらに手をぶらぶらさせているのは、退屈さ・心の空虚さをあらわす。握った拳は決断を、前へ突き出せば脅迫、ときには自己統制の努力をあらわす。

指にも心の動きがあらわれる。親指を手のひらに曲げこむのは、隠すときや、憶病や不正直さを、外へのばしていれば、開放や決断、生活への喜びをあらわす。

からだの動きは性格の表現でもある。きわめて感情的な人は中指をよく使う。小指がよく動く人は気取り屋で、口やかまし屋。男子だったら柔軟さと、ときに女性的な性格を物語る。

以上述べたことは、教師になりたてのころ、人間観察の技術として学びあったことで、種本はもう絶版になっているが、千田是也（演出家・俳優。04年没）の『近代俳優術』である。これは俳優の身体表現術として書かれたもので、右はその一端の紹介。

実際に生きた人間にそのままあてはまるとはかぎらない。人間はトンチンカンなところがあって、「あっ、傘を忘れた」とあわてて背広のポケットをたたくことがある。意思や感情がすなおに身体に表現されるとはかぎらない。

また、一昔前のもので今の子どもにあてはまるとはかぎらない。近ごろの子どもは、視線が合うとふっと目をそらす。別に悪いことをしていないのに、である。逆に悪いことをしたときにはぐっとにらみかえして心の動揺をおさえることもする。けっして類型的ではない。

しかし、教師は、子どもの顔色、表情、姿勢、歩きかた、声の表情から、その心の動きや性格までをも見ぬく力は必要である。その基本的な観察技術は身につけておきたい。むろん、それは、人間学を基礎としたものである。

7 やめたい朝からの注意や小言

いくら明るい表情や快活な話しかたをしても、その内容がともなわなくてはならない。

朝の教職員の打ち合わせ会で、子どもの指導に関することが係の教師から伝達される。

たとえば、「ホーキの破損がめだちます。どうも当番のとき、ホーキでチャンバラしているらしいんです。きびしくご指導おねがいします」「昨日、二年生のクラスでポルノ雑誌をもっている生徒がいました。学校には不必要なものをもってきてはいけないことを、もう一度生徒のほうにきびしくご指導ください」

学級担任はこれらを聞きながらメモし、学級の朝の会にむかう。

ところで、学級担任はこうした「ご指導おねがいします」といわれることを、朝の会でどう子どもたちに「指導」しているのだろうか。どうものっけから、「お早う。掃除当番のホーキのことだが、破損がめだつ。ホーキは床をはくものだ。チャンバラしないこと。みつけたらバツ当番一週間させる。わかったか」「つぎは学校に必要以外のものをもってこない（そういってから『きびしくご指導ください』といわれたのを思い出し、いっそう声をはりあげて）学校は勉強するところだ。わかったか（といってから、まだきびしくないと思い）みつけたらとりあげる。あまりにもひどいもののときは親を呼びだす。わかったか」

そういうと、子どもたちはドキッとした表情をしたので、「よしよし。これできびしく指導したぞ」と内心ほくそ笑み、「以上、伝達終わり」

朝の教職員の打ち合わせ会で「ご指導ください」といわれたことを学級担任はどう指導しているかというと、だいたいが右の例のようにストレートに「注意」していることが多い。

指導ということの内容には「注意する」こともふくまれるが、聞くほうの子どもの身になってみると、朝っぱらから小言をくらっているようで、くそおもしろくもない。一日の出発にさきだって、暗い材料を、しかもほとんどの子どもにとって関係ない材料を並べたてられ、「ゲンコツだ」「罰当番だ」「とりあげるぞ」「親を呼びだすぞ」とおどかされては、やる気を失ってしまう。

だいたい、朝っぱらから小言をいうべきでない。聞く耳もあらばこそ、教師への反感をつのらせるばかりである。朝は快い話題を提供すべきだ。

注意することだけで指導しようとするのは管理主義教育だ。——そういうとびっくりした教師がいた。

近ごろ「きびしく指導する」「毅然とした態度で指導する」必要があるといわれる。しかし、それをどうまちがえるのか、注意すること、くりかえし注意すること、そっくりかえって胸をはり、口元を引きしめ、大きな声で、いかめしく重々しく注意することだ、と勘ちがいしている例が多い。まったくナンセンスだ。

注意=指導だとする錯覚は、「くりかえし大きな声で、いかめしく注意しても、いうことをきかない」となると、その先はどうなるか。校則をつくったり、きまりをもちだし、それを振りかざしてみせる。水戸黄門の葵《あおい》のご紋章みたいにだ。

ところが、「へーッ、恐れ入りました」となってくれればいいが、そうならなかったらどうするか。このあとはおどかし、罰、なぐる、親を呼ぶ、鑑別所へ入れるとなる。これを取り締まり型生徒指導という。


教師は指導者なのだから、管理主義の刀をふるわずに、すすんで従いたくなるように、もう少し翻訳して子どもたちにぶつけられないだろうか。係教師の「注意」を「指導」におきかえることはできないだろうか。係の教師のいったことを、ただおうむがえしに注意するだけだったら、なにも教師はいらない。隣りのおばさんに頼んだっていい。全校放送でいっせいに流したっていい。

指導とは、子どもの力を引きだし、かれらの活動に転化することである。

たとえばホーキ破損の指導をするのだったら、掃除当番長を呼んで、「どうだ、そうじはうまくいってるか」と聞き、ホーキでチャンバラやっている事実があがってきたら、「そのとき、どうすればいいか」と問い、答えさせ、不足なら「こうするとよい」と教えてやる。

こんなふうに注意事項を指導におきかえること、これが指導者＝教師のしごとである。

8 朝はもっぱらほめてやりたい

学級の前進的トーンをつくるものは、快活な教師の評価にあることも忘れてはならない。小言や注意にかわって、昨日の子どもたちの生活を評価し、今日生きる力を与えていくことである。教師のことばは、しばしば子どもを変える。

評価とは、ほめたりけなしたりすることだが、朝の会では、ほめることを専一にしたい。朝っぱらから小言では、子どもたちはげんなりしてしまう。

「きのうのみんなの学校生活で、先生が感心したことが三つあった」

かつてわたしは、ともかく三つだけほめることにした。

ところが驚いたことに、とてもほめる材料がみつからないのである。三つの悪いことをあげるのはいともかんたんで、三つどころか、五つでも六つでもすぐに指摘できた。しかし、いいことになると、一つみつけるのもたいへんなことだった。

ある放課後、「先生！」と班長がやってきた。

「美化掲示のしごとをしようと思ったら、男子の一部がサボって帰ってしまいましたので、残った五人でやりました」

こういうとき、「だれがサボったんだ。しようがないな」と教師の目はサボった子どもに向けられるが、まじめに係活動をやった五人の子どもに向けられることは少ない。「ごくろうさん」とはいうものの、力がない。係活動をするのはあたりまえと思っているからだ。

「感心したことの一つは一班だ。きのう五人のひとが遅くまでかかって、ほら、教室の美化掲示をやった。きれいになった。ごくろうさんでした」とほめる。

班でしごとをしようとするとき、サボるやつが出てくれば、われも、われもといっしょにサボってしまうなかで、ふみとどまって、大きくなった一人当たりの仕事量をやりとげたのだ。

これはりっぱなことではないか。

これまであたりまえと思っていた座標軸をちょっと変えたら、おもしろいようにほめることがみつかった。

「感心したことの二つめは、きのうは朝のちこくがなかったことだ」

今日ちこくした子どもが首をすくめている。

ちこくしないなんてあたりまえだとみるのは、教師の優等生根性というものだ。大人である教師だって、ちこくしないために苦労している。お母さん先生にいたっては、朝は戦場である。子どもだって同じだ。しかも四〇人が四〇人とも、朝のドラマをへて、ともかくちこくなしでそろったのだ。たいしたもんだ。

「一日、とても気持ちよかった」と感心す

ることのできるやさしさ、共感の能力、これが教師である。

子どもは一日生きれば一日成長する。悪いこともするがそれを越えて成長する。教師とはそれを確信できるもののことである。

子どもは成長しているのにそれが見えないで悩み苦しむ。だから教師が発見し、教えてやるのである。それが、ほめるということだ。なかには、成長したいのになにをすればいいのかわからず自暴自棄になる子どももいる。そういう子どもには、いいことをさせればいい。そしてほめてやればいい。

この場合なら、係活動をサボって帰ってしまった子どもたちを指導する。つぎの係活動には全員が残ってしごとをした、という事実をつくりだしてやり、「きのう一班は放課後、美化掲示のしごとをした。このあいだは五人でやったのに、きのうは全員が残ってしごとをした。すばらしい班だ」とほめる。

事実、全員が残ってしごとをするなんて、たいしたことなのである。

朝ほめられた子どもたちはむろんのこと、それを聞く子どもたちもはればれとして一日中愉快になる。やる気がわいてくる。

三つとはいわない。二つでも一つでも、朝ほめてやろうではないか。

9 子どもが育たぬ汚ない教室

朝の一校時、授業クラスへいそぐ。ところが、まだ朝の会が終わっていないので廊下で待つ。しばらくすると、担任の教師が朝の会を終えて教室から出てきて、わたしの顔を見て、「あっ、どうもすいません。お待たせして」「いや、いや」

入れちがいに教室へ入って行く。

と、どうだろう。教室の乱れようは……。

教卓はひん曲がり、ぬれ雑巾が置いてある。教壇にはプリントが散乱している。黒板はまっ白で、黒板消しが床に落ちている。子どもたちの机の列もひん曲がり、紙屑だらけ。雑巾が散らばり、後ろのほうにホーキがほっぽりだされている。ときには、欠席した子どものいすが机の上にのったまま（そうじのとき、いすを机にのせる）のことさえある。窓はあいてない。カーテンは引きちぎられ、掲示物はだらんとして、半分取れかかっている。

子どもは、思い思いのことをしている。カバンをまだ机の上にどんと置いたままのもの、宿題をやっているもの、友達としゃべっているもの、ぼけっとしているものと、雑然としている。

このなかで、今、朝の会がおこなわれたということである。教壇に立った教師は、少なくとも位置からみて、散乱したプリントの上にのっていたはずである。

こういう教師の無神経さに腹が立つ。情けなくなる。教師という以前の、人間としてどこか欠陥があるのではないかと思う。「教師をやめろ」といいたくなる。


朝の会の目的のひとつは、学習環境である教室を整備することである。教室という学習環境を知的な空間に整美（注・整美という単語は辞書にはないが、「美しく整える」の意味を込めて、以下この造語を使います）することである。

雑然とした教室からは雑然とした人格しか育たない。人は環境によって、その発達が規定される。荒れた雑然とした秩序のない汚ない環境は、子どもたちを荒廃させる。いや、子どもの心象が教室の荒廃へと投影されていると見るべきかもしれない。だからこそ、いっそう教室は整美しなければならないのである。

ところが、「汚ない教室だ」と、ある教師には見えないのだから不思議である。「雑然とした教室だ」と、ある教師には感じられないのだから、何をかいわんや、である。

朝のホームルームで、教室環境を整美するのは担任教師の役目である。それも、教師自身があれこれ注意する前に、子どもたち自身がそれをするように指導しなければならない。自主管理を教えるということである。このことは、きれいな学習空間をつくらせながら、学習への心の準備をつくりだすことにも有効である。

それには、環境を整美するやりかたを教えておかないといけない。

一つはルールである。たとえば、「窓をあけろ」といったら窓の近くのものがあけるとか、「ゴミを拾え」といったら、ともかくゴミに一番近いものが拾うとか、「机をまっすぐ」といったら、一番前のものが床の目印に机を合わせ、最後尾のものが自分の列の曲がりを見て注意するとか、あるいは、「黒板を消せ」といったら、教室係が消す、「掲示物がはがれているぞ」といったら、美化掲示係が貼りなおすといった、ルールをきめておくことである。

二つめは、しかけをつくっておくことである。たとえば雑巾をかけるところをつくっておかなくては、始末できないし、余ったプリントを保管する場所を用意しておかなくては、散乱するばかりである。小学校の教師は、こういう点、じつにマメである。中・高の教師は大いに見ならわないといけない。

三つめは、環境整美に必要な基礎的な知識や技術を教えておくことである。

「窓をあけましょう」「そこの掲示物、はがれているのでとめてください」「黒板を消してください」「黒板の下がまっ白なので、すぐふいてください」

しかし、ただ窓をあけさえすればいいというものではない。「窓をあけろ」というと、子どもたちは片側によせてあけるが、正しくはまん中にそろえてあけるのである。

こういうことは、教師が一つひとつ教えておかないと、子どもはできないのである。次ページのような絵を描いて、「A、B、C、どれが正しいか」、Cのようにあけると、対流がスムーズに行くのだと教える。

これは掲示物もそうだ。ワラ半紙を貼るのに、Dのように鋲を打ったら、紙の重さでだんだんと両肩が下がって、Eのようになってしまう。だからFのように貼らないといけないと教える。

黒板はどうか、どうして黒板の下が白くなってしまうのか。ふきかたが悪いからだ。G、H、どっちがいい。Hのほうがいいだろう。上から下へゆっくりと消していく。そうするとチョークは飛び散らないで、みぞに落ちる——と教える。

どうすれば理にかない、美しいのかを教えるのである。そうするには、教師自身知らないといけないが、さて、だれがそれを教師に教えてくれるのだろうか。

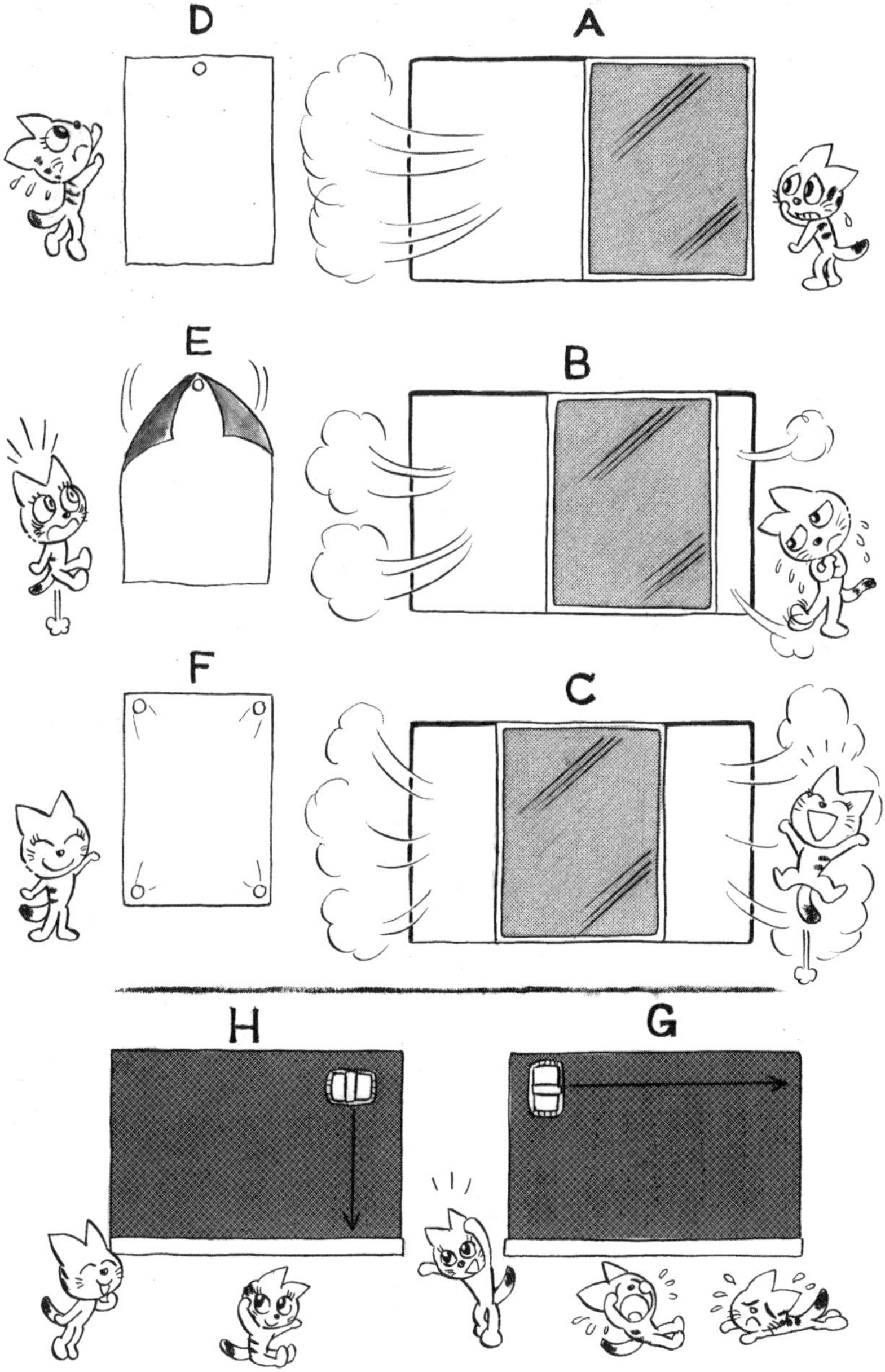
D
A
E
B
F
C
H
G

10 どうでもよくない教師の服装

大きな姿見の鏡がかかっている学校が少なくなってきた。

階段をトントンとあがって踊り場に着くと姿見があって、自分の全身がくまなくうつしだされる。一瞬ハッと恥ずかしくなる。「これが俺だったのか……」

学校のあちこちに姿見の鏡を置くことは、子どもたちに自分の姿を客観的に見させることに有効である。自分を知ることは世界を知るより難しいから、全身を鏡にうつしてみることからまず始めさせる。

それとは別に、職員室の入り口近くに姿見をかけておきたい。すでにかかっているとすれば、正統派の学校といえよう。そこに姿見を置くのは、職員室に出入りする子どもに服装などを改めさせようというのではない。

授業に行く教師のためにかけておくのである。授業に行く教師は、その姿見に我が身をうつして、次のことをするのである。

まず髪や服装の乱れをなおす。だらしのない服装はよくない。なぜなら、学問を教えるのだからである。つまり、学問を教えに行くのだから、それにふさわしい威儀を整えて教室にむかうということである。

それは学問にたいする尊敬であり、同時に、学ぼうとする子どもたちへの礼儀でもある。

いろいろな職業のなかで教師ほど服装にだらしのない職業も珍しい。ほかの世界ではとても通用しないと思う。

近年では、初任研の指導もあるのか、特に若い先生の服装はきちんとしているし、男性教師のネクタイ着用率、上着着用率も上がってきているようだが、昔はこんな議論があった。

「子どもたちの非行は髪型や服装の乱れから始まる。しかし指導がなかなかうまくいかないのは、教師の服装がだらしないからだ。まず教師の服装から改めるべきだ」「隗《かい》よりはじめよ」というのである。しかし「そうはいっても教師の服装の指導はむつかしい」と管理職。「そんなこと注意できません」「それならいっそのこと制服をつくったらどうだろう」となって寸法をはかりはじめようとして問題になった市がある。

たしかに子どもを指導する教師がまず改めねばならないことはある。しかし、それが指導の原則だなんてなれば、たいへんなことになる。

子どもがタバコを吸った、酒を飲んだ――では指導する教師がまず改めよう、教師一同禁酒禁煙。そうしておいて「先生たちもやめた。だからきみたちもやめなさい」。まあこのへんまでは美談である。子どもが性的非行をしたらどうするのか。では指導する教師から範を垂れよう。御一同、今夜から……なんてなれば、「ト、ホ、ホ、ホ」世の中まっ暗である。

子どもは子ども、大人は大人、それが指導の原則である。

教師が服装について自らきびしくなければならないのは、子どもの服装の指導のためでなく、教師としての職業上の倫理や品位からである。そうしないから「制服」などとつけこまれるのである。

ほんとうは正装して授業に行くべきだと思う。このことは、近ごろ管理のきびしい学校で「校長もそういって教師をしめつけている」のでいいにくくなっているが、それはじつは人格的支配をしようというのであって、わたしの主張とは異なることを理解してほしい。

さて、正装といえば、男性の場合、ふつう背広にネクタイということであるが、むろん教科によってちがいがあろう。まさか体育の教師が背広にネクタイはおかしい。理科の教師が実験を教えるとき、よく白衣を着て行く。実習時の技術科の教師は、作業着を着て行く。そういうように教科に必要な正装があると思うのである。

教科には教科の「ことば」があり、その「ことば」を使って授業をしていると同じように、教科には教科の服装というものがあると思う。むろんそれは、個性があってよいし、制服とはちがう。自分なりに学問や技術を教えるものとしての身の引きしまる正装をして授業にむかうべきである。

そのチェックを授業前に姿見の前でして行くのである。

11 鏡の前でニコッと笑って、いざ授業へ

授業に行く前に鏡にむかって服装や髪を整えたら、二つめにはニコッと笑ってみたい。ニコッと笑うことのできない教師はネクラ人種で、きょう日の子どもたちにきらわれやすいタイプの一つである。

ニコッと笑った顔はかわいいほどいい。笑顔のかわいくないものは教師として不向きである。

笑顔は感情表現の基本形式であるから、それがサマにならないものは、教師としてもサマにならない。多少、容姿・体躯に問題はあっても、笑った顔がかわいければ、当分のあいだは教師のしごとがつとまるものである。

ニコッと笑って子どもたちのご機嫌をとれなどといっているのではない。そもそも笑顔がかわいくないのはリーダーにはふむきなのである。だから教師としては半ばふむきなのである。半ばというのは、リーダーには組織的な指導と専門的な指導があるから、笑顔のかわいくないものは組織的な指導者として人を魅了することはできないので、せいぜい専門的な指導、いわゆるガイド力によって、その指導者としての位置をつらぬくしかない。

本人はニコッと笑ったつもりなのにすこしも笑った顔に見えない教師がふえてきた。教師は自分の感情を統制できなくてはならない。つねに統制しろというのではない。愉快なときには大いに笑い、怒りを感じたら大いに怒らねばならない。

肝心なことは、自分の感情がまず顔、続いて全身で表現できるかどうかである。自分の気持ちと顔とが乖離していてはならない。いっていることは悲しい話なのに、顔は笑っている――そのために子どもたちから総スカンをくった教師がいた。

わたしの年代は、子どものころ、あそびのなかで虚構に身をおいて仮面をつくった経験があ

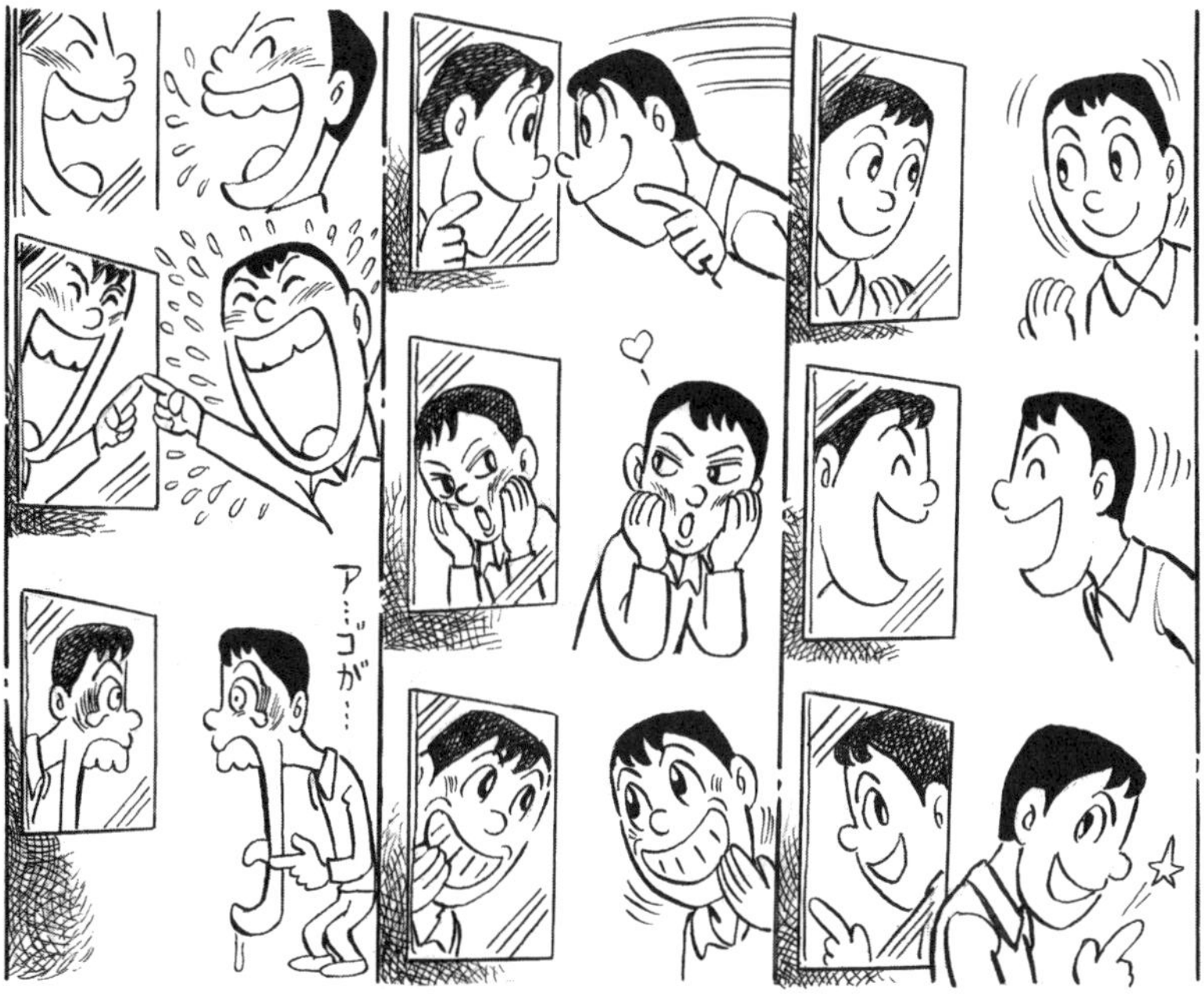

るから、比較的自由に自分の感情を表現するすべを心得ている。

しかし、若い世代は、仮面は仮面でもメカニカルなウルトラマンのような動かぬ仮面で育ったせいか、表情が固定して乏しい例が多い。

指導は顔でもするのである。ニコッと笑ってほめる。ニコッと笑えないものは、口元で笑ったり、目で笑ったりもできない。

だから、鏡を見て訓練するのである。その成果を授業に行く前に、姿見にうつしてみるのである。といってあれこれ百面相もできないから、快なる基本型式である「笑顔」だけをつくってみるのである。

ニコッと笑うと心まで楽しくなるからふし

ぎである。

今の学校はいやなことが多い。不愉快なことが多い。休憩時間にそういうめにあって気持ちがむしゃくしゃすると、自然に表情にあらわれ、その顔で教室に行くと、子どもたちは、「あっ、機嫌が悪いな」、それが朝だと、「あっ、夫婦げんかしてきたな」、ほかの時間帯だと、「校長先生に叱られたな」とか、あれこれと憶測し、教室のトーンが固くなってくる。

学級のトーンは教師がつくりだすものである。だから教師はつねに笑顔で教室にむかい、子どもと対面し、明るいたのしいトーンを決定しなければならない。

不機嫌な暗い表情の教師をむかえた子どもたちは、なんとなくネクラ気分になってしまう。子どもはいつも、ニコッとかわいい顔してほめてくれる先生を待っているのである。その笑顔のために「やる気」も出てくるのである。

ニコッと笑って授業に向かえば、重い足どりも軽くなろうというものである。

12 ベルで始め、ベルで終わる

このごろの荒れた学校では、「ベル入り」にとりくんでいる。

「ベル着」「ベル席」ということは知っている。ベルが鳴ったら席に着くことで、これなら指導してきたこともある。しかし、「ベル入り」とは耳なれないことばである。

なんのことかというと、「ベルが鳴ったら教室に入りましょう」という指導である。

荒れた学校では、授業のベルが鳴っても教室に入らず、廊下にあふれている。授業に行く教師は、あふれている子どもたちをかきわけて教室に急ぐ。

子どもたちに「ベルが鳴ったら教室に入りましょう」「ベルが鳴ったら席につきましょう」と指導することは、だいじなことである。このことができないようでは、学校生活の基本が成立しない。しかも、そのことを子どもたち自身の手でやりとげさせる指導も重要である。

しかし、教師だって、じつは「ベル入り」しなくてはいけないのである。

職員室で茶など飲んでいて、ベルが鳴ると、やおらいすから立ち上がり、教室にむかうというのが一般的である。いや、この一般的などというのはじつはけっして一般的でなく、ある学校にあっては特殊な立派な教師であることさえあるのである。

ベルが鳴ってから、「ええとつぎは、なんだっけ」とか、「ええと、つぎはどのクラスだっけ」などと時間割を見て支度をし、やおら立ち上がって、のこのこと教室にむかう――こんなのんきな職場だって多いのである。

ときには教室に入ってから、曜日をとりちがえ、時間割をまちがえたことに気づかされることもある。子どもたちから「ちがうよ」と冷やかされ、「さよなら、さよなら」とバカにされ、あわてて職員室にもどって時間割を見なおし、「あれ、今日は火曜日か。なんだ、アキの時間だったあ」なんてこともある。

もともとベルは授業開始・終了の合図で、正味の時間にあわせて鳴るようにしかけられている。教室に行くまでの時間は入っていないのである。

だから、ほんとうは、ベルの鳴るときには教卓にいて、ベルが鳴り終わると同時に、挨拶がおこなわれ、五秒後には授業に入っていかなくてはならないのである。

そうまでしなくても、というなら、ベルが鳴りはじめるときには教室の入り口に立っていて、ベルが鳴ると同時に教室に入っていけばいいのである。

そのかわり、ベルが鳴ったら正確に授業を終わればいいのである。

それはどうもなあ——というならそれでしかたないにしても、そうするのが教師という職業の規律だということぐらいは知っておいたほうがいい。そして、荒れる学校ほど、この規律は大切にしていかなくてはならないのである。

このことは、教師の規律というほかに、子どもたちの現実的な要求をみたす。

授業開始におくれてきて、終了後なお授業を続ける教師は、子どもたちにとって、もっとも嫌いなタイプの一つなのである。だったら開始にきちんときて、終了のベルと同時にやめたらいいと子どもたちはいう。子どもというのはみかけによらず、意外に正確さを求めているのである。

13 名前を覚えるのも教師の職業的能力

子どもの名前を迅速に正確に覚えるのは、教師としての職業上の必要であり、義務である。

二学期になっても、いまだに子どもの名前を覚えられずに、指名するときに、「そこの、三番目の人」「ハイ、ええと、きみ。そうそう、きみ、いってごらんなさい」。こんなのはいい方で、なかには、「ハイ、いや、きみ、たしか赤星くんだったな、発表してごらん。なに、ちがう？ ああ、渡辺くんだったな、えっ、ちがう？ ごめんごめん、ええと……うーむ、だれだっけな」とやっているようでは、教師失格といわないまでも、職業人としての適性を疑いたくなる。

近所にガソリンスタンドがある。車を寄せると、「いらっしゃい。家本さん」。大きな声で迎えてくれる。見ていると、そこで働く人たちは、つぎからつぎへガソリンを入れに立ち寄る客に、名前を呼んでは挨拶している。

その店長に、「名前を呼びかけることにしているのか」と聞くと、「そうだ」。その理由は「学校の先生と同じ理屈ですよ」といわれ、こっちがドキッとした。

それにしても何百人の客の名前を覚えるのは大変だろうと思うが、「それが商売ですから」ともなげにいう。

話を聞くと、ざっと五百人ほど覚えているという。しかし、むつかしいのは、一度ふらっと寄ったフリーの客を常客にしなくてはならない。そうしないと過当競争には生き残れない。そうするには一度目の接客の態度、サービスが重要で、帰るときには、「家本さん、ありがとうございました」と名入りで送りだす。

しかし、むしろ、ほんとうの勝負は二度目に寄ったときで、このとき、「○○さん、いらっしゃい」と迎え入れることで決定的なお得意様にしてしまう。だから、ぜひとも名前を覚え、けっして忘れぬようにするのだという。「たいしたもんだなあ」というと、「まあ、プロですから」

考えてみれば、教師が子どもの名前を覚える必要は、ガソリンスタンドどころではないはずである。それにしては、子どもの名前を覚えることに、教師は、さほど神経を使い、その必要を感じてはいないようである。プロの面子にかけてなどと意気ごんで、ことさらに子どもの名前を覚えようと努力している教師にお目にかかったことはない。ごく自然に、なりゆきにまか

名前を忘れてしまったときは…
あの子の名前……うーん思い出せない……
失礼きみの名は？
赤星です
いやそれは知ってる名前のほうさ
邦夫です
そうそう邦夫くんだったね
ホッ

せて覚えているといった例が多い。

　小学校の場合はなりゆきまかせでもすぐに全員覚えられるが、中・高ではそうはいかない。

　国社数理英の教科担任は、せいぜい百六十人ぐらいの子どもの名前を覚えればいいのだが、音、美、技家、体の教師は四、五百人を覚えなくてはならない。しかも、週に二、三回の授業しかない。そうなると、なりゆきではとうてい覚えられない。

　しかし、考えてみれば、ガソリンスタンドよりは、ずっと条件がいいのだから、覚えようと決意さえすれば、座席表をつくってあてながら覚えたり、暇にあわせては学級写真を見るなどして、二度目には「○○くん」と名前を呼ぶようにしたいものである。

「どうやって名前を覚えるか、コツはあるのか」とガソリンスタンドの店長に聞くと、「こっちが学校の先生に聞きたい」と反対に聞かれたが、教師の技術に「名前を覚えるコツ」なんて聞いたことがない。

「忘れてしまったらどうするんだ」と聞くと、相手が男性なら「いらっしゃい、社長さん」といってごまかすそうである。中年女性なら「ママさん」、若ければ「お嬢さん」

教師の場合、思い出せなかったら、「失礼、きみの名前は」と率直に聞くしかないが、そう聞くと、「赤星です」と答えるから、「いや、赤星くんだということは知っている。名前のほうさ」「名は邦夫です」「そうそう邦夫くんだったね」と、こうして姓名を全部聞きだすんだ——と教えてくれた先輩がいたが……。

いずれにせよ、子どもの名前を迅速かつ正確に覚える力は、教師としての職業的能力の一つであることは確かである。

14 私語対策

授業中の私語が多いという悩みをきく。

しかし、子どもたちがどんな私語をしているのか、調査した話は聞かない。ただ私語が多いと困っているだけだ。「調査なくして発言権なし」は、だれかがいった有名なことばだが、私語についても調査してみなくては、どう指導してよいかわからないだろう。どう指導してよいかわからないとすれば、管理の力で押さえつけることしか道はない。それさえもままならぬとすれば、子どもたちの私語を上まわる大きな声で授業をすすめるしかない。

しかし、これはきらわれる。「うるさくても平気で授業する先生」は、子どもたちのきらいな教師像である。

なぜ私語するのか、わたしの調査によると、起因の一つは休み時間にある。

授業に行くと、子どもたちが休み時間の興奮を引きずってなにか落ち着かない情景にしばしば出あう。「気をつけ」の号令がかかり挨拶が終わっても、まだ子どもたちはそわそわしている。休み時間の友人たちとの会話・接触による小さな事件・エピソードを引きずって、ある特別な感情的な世界をつくっている。休み時間に発生したもろもろの身辺的な関心や感情の尾を引いて席に着いているといってよい。

ふつうならそれをいったん断ち切って、授業にむかう心理的な準備に入るのだが、今日の子どもはなかなかそれができない。それどころか、授業がはじまっても、依然として休み時間の関心や感情、事件やエピソードを断ち切れずに、逆に教師のつくりだそうとする知的空間を、自分たちの、休み時間から持続させている興味や関心や感情のレベルに切り下げていこうとする。

ここにおいて、教師と子どもたちとの壮絶な心理戦、かけ引きが展開される。

教師がもし敗れれば、この授業は、一時間中だらだらと緊張感のない、しかも、たえず子どもたちの低俗な関心に引きまわされて終わってしまう。

それがいやな教師は、自分の授業のペースにのってこないとなると、「うるさい、静かにしろ!」と突然怒鳴りだし、ときにはゲンコツをくらわしたり、廊下に正座させたりなど強権を発動して、ともかく力で押さえようとする。むろん押さえられればの話である。

しかし、強権を発動せざるを得なくなった教師の不愉快さは消すべくもなく、一時間中つい

てまわり、気乗りしない授業に終わってしまう。

ところが、この突然の教師の強権の発動は、子どもたちにとっては、もっともっと不愉快なのである。授業がはじまって、にこやかに自分たちと対応していた教師が、突然「うるさい、静かにしろ!」と怒りはじめたからである。

授業がはじまってもざわついているというようなとき、昔の教師はおもしろいことをした。「黙想」をさせたのである。

教室に入ったその一瞬のうちに子どもたちの様子をとらえ、「ざわついている、そわそわしてる」と思うと、挨拶をかわしたあと、すぐに厳粛な顔をして「黙想」、ついでに

「姿勢を正して！」と指示した。

私たちはいそいで目を閉じ、ついで姿勢を正した。すると教室はしんと静かになった。しばらくの間をおいて「やめ」という声に目を開くと、あのざわついたそわそわした感情は沈静し、いよいよ勉強のはじまりだなと集中する気になった。

黙想のあいだ、ときどき、目をつぶっているかどうか調べるために、教師はわざと百面相をする。目を開けているやつはプッと笑う。と、「こら、目つぶれ」。だから、黙想がはじまると、薄目をあけて先生がどんな百面相をするか興味津々。それを知って先生はわざと百面相。それを見ては笑いをかみしめた。そのことが、すでに教師への集中作用を果たしていた。教師もまたあそび心、余裕があった。

黙想は目を閉じさせることによって、休み時間から引きついでいる子どもたちの雑多な感情を断ち切ることができる。しかし、戦時中、黙想は個性的な想念や感情を画一的に統制する呪《じゅ》術《じゅつ》として利用されたためか、あるいは仏教の宗教的な形式であったためか、戦後は、あまり利用されなくなった。近ごろまた集団管理術として復活してきたようである。

しかし「黙想」は、休み時間と授業時間を画然化する有効な「おまじない」であることにまちがいない。むろん、消極的なやりかたではある。

いえることは、私語が、休み時間を背負い、そこを起因として発生しているとすれば、なんらかの方法で、休み時間の影響を断ち切らなくてはならないのである。いろんな方法のうちの一つとして、黙想をやってみるのもおもしろい。

15 豊かな表情で子どもを動かす

教室に入る。挨拶したあと、「ざわついているな。私語が多いな」と思うと、あごを引き、ぐっと口元を真一文字にしめる。目を光らせる。

ほんとうは、教師たるもの、この表情ひとつで、子どもたちを集中させるのである。顔ひとつで子どもを動かすのである。

教師は、たくさんの知識・技術をもち、教材研究を積んでいけば授業ができると考えたら、大まちがいである。そういう考えの教師は、授業不成立に悩み、教職を去っていかねばならなくなってきた。

顔で集中させるのである。しかも、体罰や暴力の背景なしにである。このことができるようになれば上の中、りっぱな教師だといえる。ちなみに上の上は、目ひとつで子どもたちを集中させる教師である。

「静かに！　うるさい！　おしゃべりやめろ！　道具、ほら、早く出せ！　そこ、なにやってるんだ。早くしろ！　口を結べ！　姿勢を正して！　手をひざにおけ！　こっちを見ろ！」などと大きな声を出して静かにさせるのは、下の中と知るべきである。なかにはおしゃべりの子どもの口にセロテープ、ガムテープをはったりする教師もいる。これは下の下。

教師は、そうした管理上のことばをできるだけ少なく、できればひと言も発しないで授業をすすめることを理想としていきたい。

教師はじつは、舞台の演技者みたいなものだ。さまざまな表情がつくれなくてはならないのである。

ある教師は、そのため、毎朝歯をみがくとき鏡の前で、「親しみやすくあたたかい微笑を浮かべる」「きびしく叱る顔をしてみる」「賞賛と感動をこめた顔をする」「しみじみと語ってみる顔をする」。さらに個人や全体にむかってそれらをいってみる。両手を使って表現してみる——そういう練習をしているという。りっぱな心がけである。

指導の入らない教師は、見ていると表情がじつに乏しいか、逆に、表情が千変万化して、印象をうすめている。前者が圧倒的に多い。

顔は、表情だけでできているのではない。髪の毛、メガネ、ひげ、メイクアップ、それらも顔をつくる道具立ての一つだ。

どうも自分は無表情だと思ったら、髪型を変えて精悍《せいかん》な風貌に似せてみる。神経質そうな表情だったら、太い黒ぶちメガネに変えてみる。うまく指導が入らなかった教師が、たまたま目をわずらって、濃いサングラスをかけて授業に行ったら、非行生徒たちが、「恐れ入りました」とおとなしくなったという笑い話もある。メガネだって大事だ。

童顔でしまりがないと思ったら、ひげをはやしてみる。近ごろ若い教師にひげがはやっている。貫録をつけるためか、恥ずかしくって素面《すめん》ではとても人を教える教師をやっていられないからか。しかし、フロイト流にいえば「ひげは権威と欲望の象徴」だから、権威のない教師は、ひげをはやせば少しはかっこうがつくというものだ。

女性だったら、メイクアップのしようでいろいろ変えられる。

しかし、これらはいずれも一時しのぎのごまかしにすぎない。いくら教師は演技者だといっても、そういう小道具にたよっているのは中の下で、「素顔の演技者」でなければならない。やがて少しずつ素面で子どもを動かせるようにしたい。自然な感情が自然に表情にあらわれるようにである。

同時に、身ぶり手ぶりも練習したい。じっと立ったままで身体で表現できない教師、表現しても電気じかけの人形のようにぎこちない教師、いずれも子どもたちを集中させることはできない。

大きく息を吸う、吐く。目を大きくあける。大きくうなずく。首をかしげる。

「大きな」といったら、両手を大きくひろげてみる。「三つのことを言います」と言いながら、しっかり三本指を立てる。

「一つは」といったら、人さし指を一本ぐっと立てる。「ハイ。安藤くん！」とすばやく手をつきだしながら人さし指で指名する。「すわって」とひらいた片手で合図する。いい答えがでたら拍手する。強調するとき、ドンと机をたたく。「シーッ」といいながら、くちびるに指を立てる。

そんなことからはじめ、肩の力をぬく。肩をすくめる。腕をくむ。胸に手をやる。目がしらをぬぐう。あごに手をやる。頭をかく。人さし指を立て口にあてる。両腰に手をあてる。両手を使って払いのける。半身にかまえる。手で制する。

状況を設定して、ことばをつけ、表情をつけて練習してみる。

そうやって、ゆたかな表情と姿態をもつ教師に成長しようとすると、やがて授業の集中はもとより、目ひとつで子どもを動かせる上の上の教師になっていける。

16 〈授業のことば〉を使いこなす

授業をする教師は、日常とはちがう〈授業のことば〉を用いることができなくてはならない。

授業のことばとは、日常の話しかたとはちがう、授業用の独特の話しかたをいう。

授業がそのような独特の話しかたによってすすめられるから、子どもたちに日常と切り離された知的空間をつくりだすことができるのである。教師がそのことに無自覚であって、世間話の続きのように日常のしゃべりかたで授業をすすめると、子どもたちの授業空間を世俗的・身辺的・通俗的な関心や感情から離陸させることはできない。

じつは、ちょっとした教師ならば、だれもが無意識のうちに、授業のことばを用いて授業をすすめているはずである。それは、なかなか自分ではわからないうえに、まわりの教師もみんなそうだから気がつかないのだが、いわゆるしろうとの授業、たとえば教育実習生の授業を見ると、すぐにその差異がわかる。教育実習生の授業の話しかたは、いかにも薄く軽いことに気づくはずである。

しろうとの授業のことばにある、話しかたの一種の軽薄さは、へたなピアノ弾きの音のように、音がぬけ切っていない。そのうえに、ことばがくっついた泡つぶのように瞬時に消えていく。形象をつくりだせないのである。それは日常の世間話をする話しかたでしゃべっていて、授業のことばに昇華されていないからである。

すぐれた教師の授業を見ると、その話しかたは世俗から純化され、一種の格調と品位があり、そのことばは、ことば一つ一つが彫琢《ちょうたく》された丸い滑らかな粒になって子どもたちの胸に吸いこまれ、あるときは熱い玉になって子どもたちのひたいに突きささっていく。

そこまではすぐにいかなくても、授業のことばをつくろうとして、日常とはちがう話しかたをしようとすれば、だれでもすぐにできるものである。

しかし、じつはもっと厳密にいうと、授業のことばというような一般形ではなく、〈教科のことば〉によって授業をすすめなくてはならないのである。国語は国語のことばで、数学は数学のことばでというように、教科それぞれに固有の教科のことばによって授業をすすめ、教科特有の世界をつくりださなくてはならないのである。

教科のことばとなると、教師のことばだけではない。教材の提示によって教材に語らせること、体育の準備体操、音楽なら歌に導く教師のピアノ前奏などもその一つである。前奏の弾きかたは、そのままどのように歌うのかを語っている。

そういう教科に独得のことばはあるが、多くはやはり教師の話しかたである。

講演のあと、「先生は社会科の先生ですか」と聞かれることがある。「社会科もやってます。分かりますか」「ええ、なんとなく」。このなんとなくというのが、「らしさ」なのである。

よく「あの先生は国語の先生らしい」というが、この「らしさ」こそ重要である。近ごろ、この「らしさ」をもった教師が少なくなってきた。じつは、その「らしさ」のなかに教科の特質を刻みこんだ教育文化能力が成熟し、それが国語の先生らしい話しかたを決定づけているのである。そうなると、さらに、万葉集の授業と現代文の授業とでは異なる教科のことばを用いることができるようになる。そうなるにはたいへんだが、少なくとも授業のことばから一歩前進し、教科のことばを駆使できるようにしたいものである。

ところが反面、教師の習性は恐ろしいもので、授業の話しかたがいつしか授業の外に出て、日常の話しかたを授業の話しかたに変えてしまうといった例が多い。

ときどき、四〇年も教師をやったという人たちと雑談をかわす機会があるが、かれらに共通する話しかたというのがある。渋く、ややふとった声で、ゆっくりと噛んでふくめるように、少し押しつけがましく、少しく尊大に、やや見下したようにくどくどとしゃべるのである。いわゆる教師の鼻もちならない職業的な語りくちである。

こうなってしまったのは、授業が終わったのに、ふつうの日常の話しかたに戻さず、いつしかその境界線が失われてしまったからである。つまり、つねに授業のことばでしゃべるようになってしまったのである。そうなると逆に授業のことばはその精彩を失い、授業空間を弛緩《しかん》させてしまう。

そうならないように、両者を巧みに使いわけていくようにしたい。

17 教師なら〈一芸〉をもちたい

授業をする教師は〈芸〉をもたなくてはならない。

かつて地理の教師がいた。この教師は、みごとに、なにも見ないで、チョーク一本を自在に使って、正確に地図を板書した。

わたしも社会科を教えたことがあるが、黒板に地図を描くとなると、たいがい略図で描いた。略図でしか描けなかったからである。「その、パンタグラフ、なに?」といわれて、「うん、北海道だ」そういって子どもたちに笑われた。

自分が地図を黒板に描くことになって、さきの地理の教師の〈芸〉が神業であることが分かってきた。ちょっとやそっとで正確な地図は描けるものでない。

当時、中学生だったわたしたちは、この教師の板書の能力に、驚嘆し、畏敬の念をもった。

この地理の教師は、授業びらきに世界地図を黒板いっぱいに描いた。略図ではない。湾、半島、リアス式海岸、島嶼《とうしょ》に至るまで正確に描ききった。手をくにゃくにゃと微細に動かしなが

ら、最後にユーラシア大陸を一筆で描ききったとき、教室中から「ホーッ」と感嘆のため息が洩れたのを覚えている。

あんなにびっくりしたことはなかった。中学生になったばかりで、中学教師の実力をまざまざと見せつけられた感じで、ただ、「すごいなあ」とめくるめく思いがした。

ところが、それだけではなかった。日本の地図も、さらさらと何も見ないで正確に描いた。しかも、速筆である。

「先生！　どんな地図でもそらで描けるんですか」と一人が聞くと、「まあ、な」という。「神奈川県も描けますか」そういうと、神奈川県の地図をさらさらと正確に描いた。

一つの県だけとりだして描いてみることは、これまでに一度もなかった。わたしたちは、はじめて浮き出た神奈川県を見て、「へえー、へんなかっこうしてるなあ」と思って、地図の県境線を辿って黒板と照らしあわせてみた。凹凸すべてぴたりである。「じゃ、横須賀は?」というと、またさらさらとそらで描いた。はじめてみる市の地図だった。戦争中だったので、軍港のあった当市の地図は、防諜《ぼうちょう》上、かくされていた。驚いていると地図の上に、山を入れ、川を描きこみ、中学校の位置を「文」としるして、「このマークが本校をあらわす」といった。

地理が、がぜん好きになった。授業がすすむにつれて分かったことは、この教師は、全世界のすべての大陸はもちろん、すべての国をそらで正確に描くことができた。地図がすべて頭に入っていたのである。どこそことといわれたら、ただそれを紡ぎだせばよかったのだろう。

異能ともいうべきだった。

この教師は、のちに初代の池上中学校の校長に就任した。「あのときはびっくりしました」と話すと、「一種の芸さ」といって、「ピアニストが譜面を見ないで難曲を弾くだろう。役者が二時間も三時間も舞台でせりふをいい、動作をするだろう。あれと同じさ。昔の教師は、個性がゆたかで、みんな生徒を驚かすような芸をもっていたんだ」「ずいぶん練習したでしょう」というと、「だいいち、地理の教師が地図をそらで正確に描けないなんて恥ずかしいだろう。まあ、今とはプロ意識がちがうけどな」と笑っていた。

もう一人、代数の教師の板書芸。

かれは黒板を一時限一枚（一枚というのは板書して一度も消さない状態。一度書いたのを消して、また書くと二枚という）に使う。最初に黒板の中央にタテ線を入れ、二つに仕切る。板書は、授業の時間の流れにしたがってすすむ。ちょうど、子どもたちから見て左半分を使い終わったときが、ほぼ授業時間の半分。さらに右半分へとうつる。

授業がすすみ、板書は黒板の下方へと移っていく。そして、いちばん下のところに最後の方程式が書かれ、わたしたちとの応答があって、「そう。だからイコール、xプラスyになる」と言いながら「＝x＋y」と板書し、ピリオドをポンと打つ。

と、かならずそこで「キンコン、カンコン」と終わりのチャイムが鳴るのである。毎授業時間、かならず、最後のピリオドをポンと打つとチャイムが鳴るのである。一度として狂うことがなかった。

わたしたちは、だから、板書のすすみぐあいで時間の流れがわかった。しかも、二つの仕切った黒板は整然と対照しており、一行の余白もなかった。きちんと一枚を使い切ってむだがなかった。

わたしたちは、この芸に堪能した。何十年にもわたってくりかえし積みあげてきた、熟練した至芸であった。

これもまた名人芸であった。

今、このような芸を教師に求めることは無理な注文であろう。しかし、教師は「これだ」というものをもたなくてはならないことだけは確かである。

18 教師の〈話芸〉で授業は生きる

教師の芸の一つに、話芸がある。

授業における教師の話には、説《と》きと語《かた》りがある。説きが主として論理のすじみちを追って知的に理解させることに対し、語りは、感情に強くはたらきかける語りかたをいう。

どちらも上手でなければならないが、とくに語りが大切である。

教師はそれぞれ自らの名を冠した山本節《ぶし》、佐藤節といった個性的な節《ふし》を持たなくてはならない。

社会科の研究授業を見たことがある。

「……といつまでも海面にプカプカと子どもたちの靴やぞうり袋が波間に浮かんでいました」沖縄から本土へ疎開する児童をのせた船、対馬丸《つしま》が撃沈された話である。子どもたちは目にいっぱい涙をため、ポロポロとそれがほおをつたって、ノートにしたたり落ちている。だが、子どもたちはそれを拭おうともせず、身じろぎもしないで、じっとつぎの教師のことばを待っていた。

沖縄の授業であった。

研究授業だというのに、導入・展開・まとめもなく、発問もなく、板書もない。資料はといえば最初、地図で沖縄を捜させただけである。あとはひとり教師の独演会で、授業という常識的規格からは、けたはずれの内容だった。

だが、子どもたちは感動し、泣いている。教師の語りがそうさせたのである。この教師は、「清水節」という新潟なまりの独得の語り口で子どもたちを引きこむ。ゆったりした口調と、独得のいいまわしですすむ。間のとりかたのうまさ、会話調と地の文の転調のあざやかさ、イメージの豊かさ、柱となる思想のたしかさ、それに、なまりがなんともいえず独自の世界をかもし出す。一種の話芸である。これもまた一つの授業であった。

教師の語りは、授業のもっとも基本的な型で、この基本ができなければ、あとをどんなにうまくやっても砂上の楼閣のようなものである。

このごろ、子どもたちに話をして、泣かせたり、笑わせたり、どきっとさせたり、こわがらせたりできる教師が少なくなった。

教師の話芸によって、子どもたちに感動を与える教育のしかたは、「感銘教育」といって古くからあった。もっとも、戦争中、修身の時間、聖人君子の逸話や戦意高揚のためにもっぱら利用されたこともあって、戦後ひどく評判が悪くなった。

それに、教師の一方的な話は、子どもの自発性を引きだそうとする新教育の精神に相反する指導のしかたとうけとられたのか、はやらなくなり、同時に、教師もそうした技術を軽視するようになってきた。自覚的にみがくことも少なくなった。

今の教育界に、この感銘教育の伝統を引きつぐものはない。それにつれて、説きのほうも悲《ひ》憤慷慨《ふんこうがい》型ははやらなくなった。マイクの登場がそうさせたのだろうか。それとも、それほどに強く訴えたいとする教師の意識が変化したのだろうか。

しかし、論理だけで子どもは動かない。もう一つ感情に訴え、感情を動かし、情動的に立ち上がらせていかなくては、ほんものにならない。「大切なことだが、いやいややる」では長続きしない。思想は感情と結びついて、はじめてほんものになる。

教師は話芸をもちたい。

そのためには、一つは話の種《たね》を選び、あらかじめ話のすじをよくまとめておくこと。

二つは、これまでに触れてきたように話しかたを工夫することである。講談や漫才、落語をききながら、間のとりかた、強調、くりかえし、「、」「。」の移動、緩急を学ぶといい。こういう大衆芸能のなかに、話芸の工夫がひそんでいる。

三つめは、「お化けの話、して」と子どもたちにせがまれたら、たまには授業をつぶして「よし」とやってやり、「こわいッ」とふるえさせたらいい。うけること確実だ。教師はみんな一つや二つ「こわい話」をもっていて、子どもをふるえあがらせたものだ。わたしも保護者から、「子どもが夜こわがって一人でトイレに行かれなくて困った。あまりこわい話、しないでください」と叱られたことがあった。

学校はどこにでも七不思議がある。なかったら創作すればよい。それを元にお化け話をしてみることだ。多少へたでも、こわい話は「こわいぞォ」というだけで、もうこわがるから、意外に成功するものだ。そんな経験を積み重ねて、芸達者になっていくのである。

19 〈渡り鳥〉で見える子どもの姿

授業が終わったら、職員室へ戻ってくる。これが中・高教師の通常の動きだ。教科によっては教室の隣りの準備室に戻ることもあるが、だいたいは職員室へ戻って「やれやれ」とホッと一息ついてつぎの準備をする。

が、たまにはつぎの授業のクラスへ行って待っているとよい。そのほうがめんどうくさくない。トイレは子どものを使えばよい。連れ小便は親近感がわく。トイレでタバコを吸う計画の子どもたちの牽制球にもなろうというものだ。

いったん職員室へ戻らないで、そのまま授業クラスへ行くのを、「渡り鳥」などという。渡り鳥暮らしも悪くはない。

そういうと、廊下にあふれた子どもたちの混雑と喧噪、けたたましい甲高《かん》い叫び声、狸雑な饒舌と埃、気まぐれに寄ってくる子どもたちとの軽薄な会話、ときにふざけっこして逃げる子どもがぶつかってきたり、まちがって水をひっかけられたりと、「あれはたまらないよ。ホッと一息、静かな職員室へ戻ってきたいよ」という教師が多い。渡り鳥稼業はなじめないというのである。

年をとるとだんだんとそんな渡世人《とせいにん》みたいな暮らしがつらくなってくるのは股旅《またたび》映画によく出てくるから、その気持ちも分からぬではないが、若い教師がそんなことをいうのを聞くと、「それでよく教師になろうと思ったな」といいたくなる。

教師とは、埃っぽかろうと騒々しかろうと、からだがぶつかりあおうと、子どもたちといっしょにいるのが楽しいもののことである。静かにすわっている子どもといっしょにいるのはいいが、立ち騒いでいる子どもたちの群れといっしょにいるのはつらい、できないというなら、教師失格である。職員室はあまり好きではない、子どもといっしょにいるのが楽しいというものを、教師というのである。

教室でじっとすわっているのは、子どもの仮りの姿で、子どもの本質は、立ち動き、騒ぎ、ふざけあっている姿にある。その本然の部分でつきあえなければ、子どもと親しく交わることはできない。子どもを理解することもできない。

教師は、教室だけ、授業中だけで教育するのではない。廊下だろうと、トイレだろうと、休み時間だろうと、どこだろうと、教師は、その生活のすべてを通して子どもと交わり指導するのである。

だから、すすんで子どもたちの喧噪にわけ入って、その生活を共有してみたい。渡り鳥稼業は、そのことを可能にする。

小学校の教師はその点、えらいと思う。ほとんど職員室に戻らず、一日中、教室で生活している。小学生の声は、中学生の甲高い声どころではない。その一オクターブ高い声がビンビン響く。コンクリート校舎では、耳が痛くなるほどである。それだけではない。ひっきりなしに子どもが訴えてくる。

子どもたちにとっては休み時間だが、教師にとってはむしろ主戦場の時間だといってよい。ベルが鳴り、子どもたちが席にもどると、むしろホッとする。

この小学校教師の苦労にくらべれば、中・高教師の苦労など屁みたいなものだ。中・高には空き時間があるのだから、渡り鳥をしたからといってもたかが知れている。

できれば、中学・高校も小学校と同じように、自分の学級の教室が拠点になるようにしたらどうかと思う。とくに、荒れた中学校はそうしたほうがよいのではないかと思う。もっとも、現代の校舎や教室のつくりかたは、そうなっていないから、やるとなるとひどく不便だろうと思う。急にそうならないとすれば、当分は渡世人無宿《むしゅく》ときめこむことだ。

つぎの教室へ行って、子どもたちの様子を眺めたり話したり、あそんだりしてみる。授業のときとはちがう表情があって、おもしろい。その表情が子どものほんとうの姿なのだ。

にぎやかにキャッキャッ話をしているのに、なぜ授業になるとたんにふさぎこんでしまうんだろう。勉強に自信がないのかなと思う。しかし、笑いころげるエネルギーはあるんだから、それを授業に転化できないかと考えてみる。

そうやって、子どもの椅子に腰かけて見ていると、「先生、もう来たの。まだ、ベル鳴らないわよ」と寄ってくる。「お前の顔が早く見たくて、急いでやってきたんだ」「やだ！」などと、世間話をすればよい。

教師はいつも子どもたちが「先生！」と寄ってこれるような位置についていなければいけないのである。

職員室にへばりついている教師の多い学校からは、いい教育は生まれてこない。

20 〈捨《す》て目《め》〉を使う教師になりたい

休憩時間、廊下を歩き、渡り廊下を伝わり、階段を登って、授業にむかったり、次の教室へむかったり、職員室へ戻ってきたりするとき、その目にうつったすべてのものを目に留めなければならない。すれちがう子ども、遠くであそんでいる子ども、教室の様子、廊下のゴミ、落書き、ガラス窓、それらは、歩きながら自然に目に入ってくる。そのとき、ふとそれを心に留めておくということである。

これを捨《す》て目《め》を使うという。捨て目ということばはもはや死語になって、どんな辞書をひいてものってはいない。わたしが教師になったころ、先輩によくいわれたことばである。

捨て目というのは、見ようとして見るのではなく、行住座臥《ぎょうじゅうざが》、目にうつるものやできごとを目の端にとらえ、心覚えしておくことをいう。

あるとき、職員室で「ハシゴはなかったかな」というと、若い伊藤先生が「はい。体育倉庫にありますよ」という。伊藤先生は美術の先生である。と、「えっ、あったかな」と体育の先生がいう。体育の教師だから毎日、体育倉庫に入っている。たしか、今そこから職員室へ戻ってきたばかりのはずである。しかし、伊藤先生、「たしかにありました」「いつ、あった?」「ええ、たしかひと月ぐらい前に、目にしたと思います」「そんなもの、あったかな」、二人の言い合いになったが、結果は伊藤先生の勝ち。

かれは捨て目を使う。ふと目にしたものを、すべて心のすみに留めておくのである。

ふだんあまり使わないものが急に入り用になったとき、伊藤先生に聞く。かれが「どこかで見たよなあ」というと、必ずある。貴重な存在だった。

ところが、自分の教室の廊下にへばりついたガムのあることさえ分からぬ教師もいる。「廊下にガムがへばりついていましたよ」「えっ、ガム、ありましたか」。そこを何回も往復してるのに、目に留まっていないのである。廊下を歩けば必ず視野に入っているはずなのに、見ようとするものしか見えないのである。捨て目が使えてないのである。だから、平気で紙くずの上を歩いたりする。

捨て目が使える教師は、子どもの指導についても、「そういえば、あのとき、変だと思った」「なにか、赤いものをパッと隠したんだ、あのとき」「ポケットがたしか、ふくらんでいたように思う」「そのときまでは、たしか、ガラスはなんでもなかったんだ」「廊下を通ったとき、そ

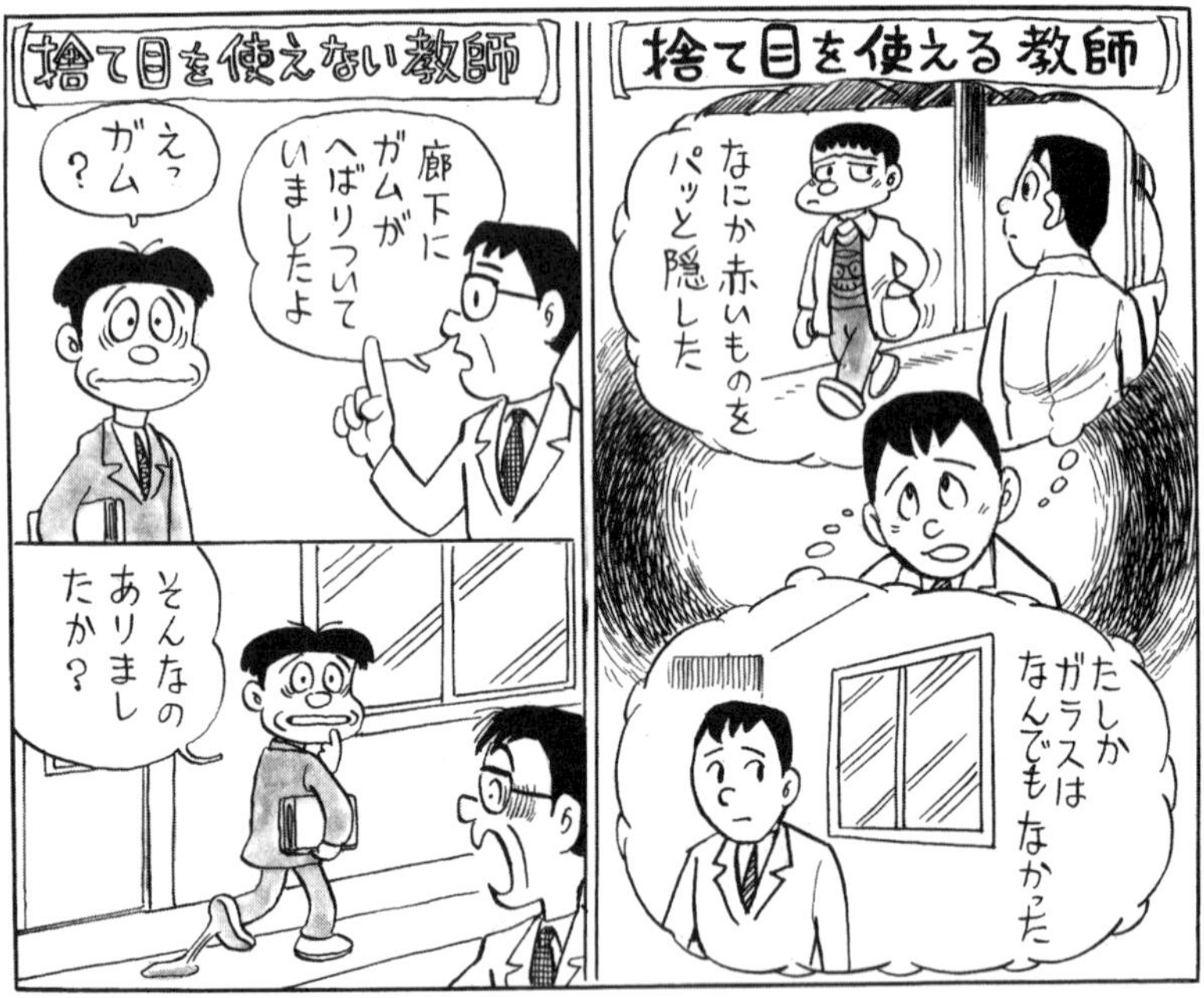

ういえば、においがしたよ」「たしか、雑巾がぶら下がっていたんだがな」

そういえば――という情景は、むろん見ようと意識して見たのではない。むろん、起こった事件を素通りしてきたのではない。ほかに見るものがあり、目的があって行動していたのだが、その途中、自然に目に入ったものを目のすみでとらえ、心にちょっと留めておいた、メモしておいた、という程度のことなのである。

こういうと、そんな神経質なことはできないというかもしれない。神経質とはちがう。もし、そう感ずるようなら、とてもできることではない。捨て目を使おうなどと思わぬほうがよい。ぼんやりと世を過ごしたほうがよい。

捨て目はもともと、家政のための気くばり、心くばりから発した。すべてのものを心に留め、あとで役立たせようというのである。端布《はぬの》、残り糸、そうしたこまごましたものを心に留めておく。家のなかでしごとをしながら目に入ったものを目の端に記憶しておいて、「これが終わったら、あれを片づけ、これを片づけ」さらに、子どもの様子から「なにかおかしい、変だな、あとできいてみよう」というような心づもりのための生活技術だった。

教師の捨て目は、あとで役立てようという実利から生じるのではない。外界に対する好奇心から自然に発する。

とくに子どもたちへの好奇心からである。子どもの生活する学校のなかのすべてのものの存在と変化への好奇心からである。

捨て目を使えるようになりたい。

21 子どもたちに開かれた職員室

休み時間や昼休み、放課後になると、子どもたちがどっと職員室へやってくる。ときには子どもたちが職員室にあふれていることがある。そういう情景は、「やってるなあ」と心が躍る。明るい子どもたちの顔が満ちている職員室は、いかにも学校は生きていると感じさせる。

いくつかの職場をめぐってきたが、学校によって、職員室のとらえかたがひどくちがう。いったい職員室ってなんだろう。

一つは、教師の事務室だという見かたがある。たしかに事務量が多いから、事務室といってもいい過ぎではない。

二つは、休憩室観がある。ホッと一休みして、つぎの鋭気を養う場所だという見かた。茶を飲み一服し、ときにはコーヒーを飲み、ソファでＣＤをきくこともできる。

三つは、準備室観がある。教材・教具・資料が置かれてるし、つぎの授業の準備・研究をおこなう。研究室・研修室でもある。

四つは、指導室観である。保護者、子どもを呼んで、そこで指導する。相談室でもある。保護者と話し合う場でもある。ときには説教室、処刑場、監獄にもなる恐ろしいところである。

学校は子どもの教育を目的に最低の予算でつくられているから、教師のための施設・設備はなにもない。ひどい時代は、教師の部屋というのは職員室一つで、着がえるところもなく、女性教師は困って職員室の片すみについたてやカーテンを引いて着がえコーナーを設けたことがあった。

だから、職員室はあらゆる機能をかねそなえていた。ときに厚生室にも早変わりして、植木市・図書市・時計市・乾物市も立つ。昔はボーナス日になると、銀行の出張所にもなった。ＰＴＡの役員もやってきて、ＰＴＡ室にもなる。さらに職員会議、学年会、教科打ち合わせ、委員会を開く会議室にもなる。近ごろでは警察の派出所を兼ねる学校も出てきた。

ところが、つねに問題になるのは、子どもたちの出入りである。極端にそれを嫌う一群の教師がいて、それを極度に制限しようとする。

テストの作問、採点、通知表、進路の資料つくりをしているときに、入ってきた子どもたちにのぞかれるのは困るから、そういう一定期間、職員室の出入りを制限するのは分かるが、一年中、制限するというのはどうか。

用事がなくても「先生」と話をしにやってくるとか、一人の子どもの用事に仲間がくっついてきて、いっしょになって話しこむとか、そんななごやかな出入り自由の職員室がいい。しんかんとして、休み時間も子どもの姿が見えない職員室からは、なにも生みだせない。開かれた職員室をつくりたい。

入り口で「何々先生に用事があってやってきました」「やりなおし。声が小さい」と軍隊まがいの返事をして、「きびしく指導した。よくしつけた」など、悦に入ってる例もあるが、時代錯誤もはなはだしい。出入りはごくふつうの作法でよい。職員室内の作法もごくふつうでよい。職員室はこわいところだなどと教えてはならない。教師はこわいものだと教えていることになる。

子どもたちが職員室へ自由に出入りすれば、それにともなうリスクはある。リスクを避けるように講じたとしても、教育はたえずリスクを伴うものである。それを恐れては、水泳指導も修学旅行もできない。

子どもたちがやってくれば騒音をまきおこす。事務をとっていても、隣りの先生が子どもたちとあれこれ話し合っていると気が散ることもある。だが、教師と子どもたちとの、その親和の姿は、なにものにもかえがたい。

子どもたちのまきちらす騒音を快いＢＧＭにして事務のとれるくらいの神経の持ち主でなければ、きょう日の教師はつとまらない。職員室に子どもがいて、なにやら教師と冗談をいい合ったり話し合ったり、しごとをしたりしている姿に快さを感じ、かえってしごとの能率がはかどったり、心が休まるというようになりたい。それが学校というところ、教師というものだ。

子どもたちが学校にいるあいだ、学校のなかで、しんかんと静まりかえったなかで事務をとり、心身を休めたいとは考えないことだ。

22 休み時間も指導する法

子どもを指導する時間がない、という悩みを聞く。「いつ指導するんですか。どう指導するんですか」とよく聞かれる。

休み時間を利用したらどうだろうか。

連絡係をおく。これは教師のためにやってもらうのだから、クラスの公的なしごととちがう。頼んでやってもらうのである。二人の子どもに委嘱《いしょく》する。

連絡係のしごとは、休み時間、教師のところへやってくる。どこにいるかわからないから、ともかく捜して、「先生、用事、ないですか」。そこで、「ご苦労さん。では、頼む。つぎの時間が終わった休み時間、一班の班長に班日誌をもってくるようにいってくれ」「はい、わかりました」

するとつぎの休み時間、一班の班長たちが班日誌をもってくる。「ご苦労さん。昨日の班日誌のここの文章、どうなんだ。なにかあったんじゃないのか。そっと調べてみてくれ」

あるいは連絡係に、「昼食休み、当番全員、職員室前の廊下に集合するように連絡してくれ」と頼んで呼びだし、ちょっとした指導をすることもある。

こうして休み時間に、必要な子どもをつぎつぎに呼んで指導していく。一日六校時あるから、昼食休みを含めれば七回になる。もっとも全部の休み時間が使えるとは限らない。つぎが体育の時間のときは支度があるから使えないが、実際やってみると、全部を使い切ることはない。たいがい余る。

また、連絡係がやってくる。「先生、連絡ありますか」「なしだ」、それからひとしきり話し合っていく。「これ、揃えてくれ」と書類を揃えてもらうこともある。

連絡係はたんに連絡係ではない。私用係でもない。

だれに連絡係をやってもらうかは、考えがあってのことなのだ。

たとえば、口をきかない子。無気力な子。いじけてる子。いじめられやすい子。つまり、親しくなりたい子、心を通じあいたい子ども、はっきりいえば指導を入れたい子どもを一人、そしてもう一人は、その子どもとやがて仲良しにさせたい子どもを選ぶ。

二人は連れだって休み時間、教師のところへやってくる。連絡係のしごとをしてもらいながら、同時に教師と親しく交わりを結ぶきっかけにする。一石二鳥である。

最初は、指導を入れたいほうの子どもは前面に出ないで、かくれるようにしてついてくるが、もう一人の子どもを媒介に心が通じていく。

「これを揃えてくれ」、そういうと、もう一人の子どもが揃える。「よし、じゃ、今度、交替」と指導を入れたい子どもに揃えさせる。「うまい。うん、うまくやるなあ。じょうずだなあ。どこでおぼえたの?」とほめてやる。

連れ立ってやってくるうちに二人は、だんだん仲良しになる。いい友だちを結びつけてやるのである。

こうして一カ月くらいやってもらう。一カ月たってうまくいったら、つぎの子どもに交替する。こうすれば、一年に約二〇人の子どもと休み時間のたびに接触できるようになる。

時間がないというが、やりようによってはいくらでも紡ぎだすことができるのである。

現場はたしかに忙しい。「わたしの学校はとても忙しい」と全国の教師がいっている。「ウチは暇だ」などという学校はない。多少バラツキはある。とくに多忙な教師と、あまりそうでない教師も出てくるが、おしなべて現場は忙しい。しかし、忙しさのなかみは、いろいろあるから、切り捨てるものは大胆に切り捨てたりして、つねに改善し要求していかなくてはならないが、ちょっとやそっとで多忙さはなくならないだろう。

これからの子どものことを考えると、もっともっと忙しくなりそうである。

だが、忙しさに負けてへこたれる教師と、忙しさを半ば楽しみながらそれを糧にして働く教師とがいる。「休み時間までしごとするの?」と驚いてはいけない。それは、休み時間というしごとの時間帯なのである。子どもたちにむかいあっていることが休養になる――そうならないといけない。そういう時代である。

23 保健室から子どもを見る

一日一回、保健室へ行ってみたい。近ごろ、保健室は子どもたちにとって唯一のオアシスになってきた。そこには、子どもたちのくずれや悩みが集中している。

保健室には、子どもの来室記録がある。いつ、だれが、なにしにやってきたのかの記録である。

記録を読ませてもらって、実態を知る。

骨折したというような事件、あるいは腹痛で授業に出られそうもない、といった場合は、担任に連絡があるが、ちょっとしたスリ傷、切り傷や、気持ち悪い、かったるいといった症状を訴えてきた子どもについては、そのつど連絡のないこともある。

担任・保健室・家庭——この関係を厳重に管理している学校もあるが、問題をもつ子どもは、そういう管理になじまず、保健手帳を忘れたり、なくしたりして、「保健手帳ないけど、気持ち悪い」と保健室にやってくる。

「この山本くんは毎日、保健室へきてますね」「外傷はないんですが、必ず、ここが痛い、あそこが痛いってやってくるんです。もんでやったり、しっぷしたり、冷やしたりしてやると、なおったって帰って行くんです」

「純粋培養されて育った子どもですからね。それにしてもちょっとおかしいですね」

休憩時間に保健委員の子どもを呼んで「山本くんは保健室へよく行くが、休み時間、あばれるのかな。いつも休み時間なにしてるんだ」と様子を聞いてみる。

山本くんはいじめから逃げるため保健室へ行っていたことがわかった
おやこの増美さんは
今日もきてますね
くる時間は決まってない
英語の授業の前に必ずきてる！
時間割
英語の勉強がうまくいってないのかな
保健室へくる子どもを調べてみると
ABC
心理的なトラブルを抱えていることが多い

このときは、友人からいじめられ、それから逃げるために保健室へ行くことがわかった。すぐに指導を入れることができた。

「この増美さんはどうなんですか。今日もきてますね」

「ええ、なにか気持ち悪いっていうんです」

「くる時間はきまってませんね」

保健室にくる時間を授業時間割と照らしあわせてみたら、英語の時間の前に集中していることがわかった。英語の勉強がうまくいってないことがわかる。

こうやって、保健室へくる子どもを調べてみると、学習、友人、恋愛、家庭の問題など、なにか心理的なトラブルを抱えていることが多い。からだの異常を訴えながら、じつは心の異常を訴えにきていると考えてよい。保健室の先生といっしょに分析し、指導の見通しをたて、治療していく。

それだけではない。

身体検査の結果の疾患の治療がどうすすんでいるのか。むし歯、耳鼻、皮膚病、眼科にわたって、治療状態を点検し、完治するようにとりくんでいく。むし歯などの治療は、保健委員を中心にとりくませてもよい。

「からだ」はかつて「心」の従属物ととらえていた。宗教は肉体より精神の優位を説いた。肉体がさまざまな欲望をつくりだす、肉体は汚れており、魂の仮りの宿だというのだ。

精神主義、根性主義もそうだ。精神は肉体を超越する。だから戦争中は、精神力があれば、敵機の空襲に対しても竹槍で対抗できると考えた。しかし、これはまちがっている。

からだが心をつくるのである。身体の現象としての精神だともいわれている。「たくましいからだが美しい心をつくる」のである。今日の非行、子どものくずれは、からだの反乱だともいわれている。

保健室は、健康なからだをつかさどる部署だが、病める心の相談室にもなるというのは、そういう状況を反映しているのである。もっと、子どものからだについて教師は考えていきたい。

そのためには、一日一回は保健室に顔を出すようにしたい。それはまた、孤立しがちな保健室の教師とともに、子どもを指導していこうとする教師集団つくりにもなるのである。

教師は、さらに一歩すすめて、事務、用務員、給食、警備、管理人、パン売りの人たちなど、学校で働くすべての人と手を結ぶようにしたい。それを教職員集団つくりというのである。

24 同僚に聞き、同僚とまじわる

同僚と仲よく交わることができなくてはならないから、空き時間に雑談の仲間に加わることも大切である。

しかし、子どもの話がまったく出ない職員室がある。以前いた学校では、人の噂話、それも陰口ばかりしあっていた。志の低い職場であった。もっとも陰口なんて犬の遠吠えみたいなもので、「犬は吠えても歴史はすすむ」というから、いいたいものにはいわせておけばいいのかもしれない。

清少納言の枕草子の一節に「にくき物」（二五段）と題する一文がある。

「物羨《うらや》みし、身のうへ歎《なげ》き、人のうへいひ」「わづかに聞きえたる事をば我もとより知りたることのやうに、こと人にも語りしらぶるもいとにくし」

この意味は、「他人のことをなにかとうらやましがっては自分の身の上を嘆き」「またちょっと聞きかじった情報をもとから知っているように調子にのって話す。それは大変うとましい」である。

まったくこのように、話といえば「だれだれが校長になった。主任になった。あれでよくなったよな」「あんな奴が校長になったのなら、おれなんかとっくに教育長になっていいはずだ。だいたいあの人はね、ひどい奴なんだ」「そんなこととっくに知ってるよ。それはね、こうなんだよ」

こういう話の仲間に入るのはじつにつらい。しかし、毎日、そういう人といっしょにしごとをしていかねばならないのである。きらいだといって一人ポツンと離れていては、仲間つくりはできない。

この職場は、話だけではなかった。行動においては、それ以上に醜悪だった。

サルトルが「地獄、それは他人である」といったが、たしかに仲間のなかに地獄の苦しみを味わわせるものがいる。わたしは何回もそういう目にあった。しかし反対に、極楽のような天使のようなやさしい微笑で包みこんでくれる仲間もいる。少なくとも自分自身、仲間に対しては「地獄」にならないようにしたいと考えたが……。

いったん非教育的現場になった職員室を変えるのは、なみたいていのことではできないが、まずは聞き出すことからはじめたらどうだろうか。いつも「物羨みし、人のうへ」ばかりいっている教師に、「○○先生、こういうのはどう考えたらいいんでしょうね。どうしたらいいでしょうね」と聞いてみる。あるいは後輩にだって、「△△先生、これどう思うね」と話しかけてみる。

「聞く」のは仲間をつくるだけではなく、教師の力量を高めるにも必要で、同僚や先輩、ときには後輩だっていい、知っていそうな教師から聞き出すことである。

もっとも、聞いてみて「なるほど」という答えがかえってこないかもしれない。押し戻してまた聞けばいい。

問いと答えによって、真理を探求する方法はソクラテス以来の知的な学習法である。何冊もの本を読むより、手っとり早いし、知的生産の技術でもある。

しかし、意外に「聞きこむ」ことが少ない。教師は、人にものを教える商売なのだから、人にものを聞いて教わる姿勢がほしい。

それによって、教えるということを学ぶこともできる。

怠惰に流れた教師が、自動車教習所に通って、その教えかたにアタマにきて、そこではじめて、自分の教えかたについて反省したという例がある。教わってはじめて「教える」自分が見えてくる。

教師から、この知的態度、知的要求、知識欲をとってしまったら、教師とはいえないのではないかと思う。

もっとも、若いうちはなにを聞けばいいのか、分からないこともあるが、「疑問に思うこと」「困っていること」からはじめればいい。

25 子どもといっしょに昼食をたべる

礼儀がもっともよく見えるのは、食事のときであるという。

親のしつけがいい悪いは食事の作法を見ればわかるといわれ、ずいぶんとその作法についてやかましくいわれたものだ。

しかし、今日、アメリカ型の生活文化が入ってきて、食事の作法などあまりやかましくいわなくなった。家庭のしつけもくずれてきた。

立って食べる、歩きながら食べるが日常化してきた。かつてそれは小さい子どもにのみ許されたことであったが、今では大人もそうするようになった。

だから、食事についてどう指導するか方向を見失っている。

一つは、極端な自由を許し、食事どきになると好きな子どもどうしが、いくつもの固まりをつくり、もうめちゃめちゃにはしゃぎながら、グループからグループへ立ち食いの渡り歩きがはじまる。そのあとは、パンくずやおかずのかけらが散乱、机や椅子は大混乱。

もう一つは、座席も動かさず、移動も許さず、前をむいたまま一言の私語もなく黙々と食べさせる。

子どもにとって、食事はもっとも楽しいときだ。餌《えさ》の時間ではない。

修業中の禅僧ではあるまいし、黙祷、黙働、「黙食」なんてバカげている。いっしょに食べることは人間の交わりの文化の一つで、それに伴う会話があって、親密さを増すのである。パーティーや会食など、それが形式化されたものである。

さりとて、多少ハメをはずしても許されるピクニックや遊園地での好きなものどうしの会食ともちがう。

本来は、食堂をつくって、学・食は分離すべきなのだ。そうすれば、今のような問題の大半は解決できる。

では、どうするかだが、仲間はずれの出ないように、班の子どもたちが机を寄せあって楽しく食べる程度は許してやってもよい。民族大移動のように動くのではないから、混乱もおきない。机をパッと寄せるだけでいいから、かんたんである。

話をしながら食事させてよい。ただ、口のなかをいっぱいにして話をすると、前の人から食べているものが見えて気持ち悪いからやめたほうがいい、ひじをついて食べないほうがいい、といった類のマナー、エチケットは教える。不作法なものにたいしては、よくないと叱らなくてはいけない。また、フォーク、ナイフ、スプーン、箸の正しい持ちかた、迷い箸[注]、渡り箸[注]、二人箸[注]などについて、教えておいてやりたい。

食事が終わったら挨拶し、席をもどし、机の上、床の汚れはないか調べさせ、汚れていたら掃除させる。こういうことはきちんととりくませないといけない。

しかし、そうした食事の礼儀以上に、「食べる力」を子どもたちに育てるようにしたい。とくに今は偏食が多いから、なんでも食べる力、それはたくましく生きる力であるから、それを育てるようにしたい。

人間的勢力の弱い子ども、学力の低い子ども、いじめっ子、いじめられる子や疲れやすい子どもなどを調べると、意外に偏食が多い。偏食の多い子どもは、食べないものの栄養が欠けるわけで、それが、性格、学力、身体の発達をはばんでいるわけである。このことは家庭の協力と、やはり本人の自覚的なとりくみがないと成功しない。食べたいものを食べるとつねに栄養満点という食べる力を育てたい。

だとすると、教師は子どもといっしょに食事すべきだろう。食事しながら、子どもの生活を育てていきたい。それは、小学校ではあたりまえのことだが、中・高のなかに、この常識が通用しないところもある。

なによりも、親密さを増すことができる。弁当を持っていくと、子どもたちがのぞきにくる。ときに弁当屋から取り寄せた三百円の箱弁なんか、ちっともうまくないのだが、子どもたちは、「うまそう」とうらやましがる。「よし、じゃ交換しよう」

こんなことは今どきの中学校では無理だというかも知れないが、ときに昼食の前後の時間が自分の授業にあたっていたら、たとえば五校時にかけて、近くの神社の境内や公園などに出かけていって食事するのもよい。前日からそういう計画を立てて、弁当を持ってこさせればいいのである。むろん学校を出るときは、「いちおう教科書もって。学校が見えなくなるまでは並んで行け」と片目をつぶっていえばよい。教室だけが食事する場所ではない。

しかし、子どもといっしょに食事することを、ひどく嫌う教師がいる。埃っぽい教室で、子どもといっしょだと、とても食べられない、まずくて食べられないというのだ。しかし、教師とは、職員室でボソボソ食べるより、子どもといっしょに食べるほうが、ずっとおいしい、という強い神経と胃の腑をもたないといけない。

〔注〕迷い箸・渡り箸＝大皿に料理が出された時など、どれを取ろうか迷って、箸を持ってある品に手を付け、それを取らずにまた別の料理に箸を付けること。
二人箸＝食器の上で二人一緒に同じ料理を挟むこと。

26 見て爽やかなガキ大将先生

昼休み、たまには子どもたちといっしょにあそんでみたい。校庭で昼食休みに子どもとあそぶ教師の姿は少なくなった。若い教師が、子どもといっしょにガキ大将みたいになってあそんでいる姿は見ていても気持ちがいい。アメリカの州によっては、グランドティーチャーという制度があって、専門に子どもたちといっしょにあそぶ教師がいるという。万事、分業化された教育システムをとっている国らしい制度だが、日本ではせめて、身体の動く疲れを知らない若い教師が、その役を買って出てほしい。自分のクラスといわず、大ぜいの子どもをまきこんであそんだらどうだろうか。

子どものころ「外遊び」「うち遊び」があって、校庭に内遊びの旗がかかっていると、がっかりしたものだったが、近ごろは、外遊びしろといってもいやがる子どもがふえてきた。

雪が降ってくれれば、「ワーッ」と大騒ぎして外に飛び出す、それが子どものイメージだったが、今はどうだろうか。「寒いからいや」「濡れるからいや」と、いやがる子どもが多いという。そういう状況ならなおのこと、まず教師が先頭に立って、「おい、みんな行くぞ」と飛びだしていきたい。

雪が降った日などは、子どもたちが「雪合戦やらせて」というまえに、教師が先頭に立って、「雪合戦、やるぞ!」と飛び出して行くのが、元気な若い教師の姿である。

ところが、子どもたちに「雪合戦やらせて」といわれてから、「ちょっと待ってろよ」と職員室へ行って、「あの、子どもたちが雪合戦やりたいというんですが、校庭へ出していいでしょうか」と、管理職におうかがいを立てる教師がいる。情けない教師である。

そうおうかがいを立てられれば、たいがい「だめです」というに決まっている。雪合戦でけがをした責任が管理職にかかってくるから、「だめです」。なかには、そういう断わりかたは心の底を見すかされ、かつ忸怩《じくじ》たるものがあるから、「濡れて風邪をひくと困る」「校舎に雪を持ちこむから困る」と別の理由を立てて許可しないずるい管理職もいる。「よし、ぼくが責任とるから、大いにやらせなさい」という太っ腹の管理職が少なくなった。

自分のクラスの子どもや授業クラスを、外へ出すか出さないかは、教師の自主的判断でいいのである。学校は役所ではない。教育は、教師のそういう自主性・創造性の上に成立している営みなのである。

もっとも、おうかがいを立てる指示待ち族はまだいいほうで、はじめから「雪合戦？　ダメ、ダメ」と許可しない教師、さらに、「雪が降ってきた！」と子どもたちが喜んで騒ぐと、「うるさい！　外を見るな」と、そのまま授業を続ける教師もいる。

教師とは、童心をもつもののことである。子どもの先頭に立って喜び騒ぎ、「積もったら雪合戦やるぞ！」と、まっ先に飛び出して行くもののことである。

昼休みもそうだ。先頭に立って、「今日は縄飛びやろう」「押しくらまんじゅうやろう」「今日は長馬」「今日は手つなぎ」「今日はドッジボール」と汗をかきながらあそぶ。

子どもといっしょにあそぶことの好きな教師は、天性、教師の資質をもったものだといえよう。

いっしょにあそぶだけでいいが、できればつぎの二つのことがやりたい。

一つは、小さい子どもにはあそびかたを教えてやりたい。「かわりばんこにやる」とか、「ジャンケンで決める」とか、「早いもん順で決める」とか、「この指とまれー」とかというあそびかたである。これは、自治を教え、民主主義を教えることになる。

もう一つはみんなとあそべない子ども、ポツンとしている子どもを誘ってあそんでやりたい。「ナンキンテニス[注]やろう」と誘って、二人でやる。そのうちもう一人誘う。二つのマスで勝ち抜きをやっていく。やりながらルールや技術を教える。もう一人ふやす。大中小幼のマスでやる。もう一人ふやす。負け抜けの一人をつくる。こうやって、集団のなかであそぶ力を育てていってやる。教師はあそびのガキ大将なのである。

〔注〕＝小さなゴムボールを、手を使っておこなう一種のテニス。ネットを用いず、地面にバウンドで打ち返す。一個のゴムボールと一本の線（チョークで描く）があれば遊べる。

27 授業の〈枕〉と〈オチ〉

落語家は、本題に入る前に、ちょっとした挨拶のあと、枕の小話をしてどっと笑わせる。「枕を振る」というが、この笑いが勝負であるという。観客は、一度笑うと顔がほぐれ、心がほぐれ、そのあと、笑いやすい状態になるからである。つまり、笑いの磁場に入りこむからである。その状態を「あったまった」といい、そこへもっていくことを「引っぱる」という。

ところが、この枕の振りに失敗すると、「あったまらない」から、本題のほうに入ってもシラケてしまい、「引っこめ」「もうやめろ」とヤジられる。

観客は笑いを求めてきている。笑いにきている。笑いたいのである。だから、かなり笑いの心理的準備ができあがっているが、枕の振りいかんでは、笑ってくれない。落語家は、最初の枕話に成否をかけて観客を「引っぱろう」と高座に登るという。

授業も同じである。

子どもはベルが鳴ると、椅子にすわり、いちおう勉強しようと待っている。金を払って寄席にきている観客とほぼ同じ状態である。

ところが、教師がぐだぐだしていると、いやになって、勉強しようと思った心が萎《な》えてくる。あったまるどころか、冷えてしまう。子どもは「引っこめ」「もうやめろ」とはいわないが、態度でそれをあらわし、集中性を失ってくる。

だから、授業は導入が大切である。教師の枕話で、子どもたちを引っぱり、教師の用意する知的世界の磁場へすばやく引きこむのである。

「暑いなあ。休み時間、水を飲んだか」「飲んだ」「その水、どっからきた?」「空」「天」「ふーん。じゃ、休み時間、水飲んだ人は、こうやって大きな口あけてガブガブって空から飲んだのか」。子どもたちはドッと笑う。「ようし。今日はみんなが飲んだ水はどこから、どうやってきたのか勉強しよう」。こんな研究授業を見たことがあった。

ところが、一般に、導入がだらだらと続き、授業のヤマ場が後にズレることが多い。そのため、「いよいよ盛り上がってきたな」となると終わりのベルが鳴る。

授業終わりのベルが鳴ると、子どもの気持ちはもう廊下に飛んでいって、あとはウワの空になる。たまに「ベル鳴ったけど、もっとやろうよ」といいだすこともあるが、めったにないことである。

子どもたちの教師ワーストテンに、「けじめのない教師」というのがある。これは授業の終わりのベルが鳴ったのに、まだやっている教師を指している。ベルが鳴ったらすぐに終わらなければいけない。そうなるように、授業を構成するのである。

教育はかぎられた時間のなかでおこなうのを原則とする。提灯《ちょうちん》学校といって、毎日夜おそくまでしごとをして、それを誇りにしている学校があるが、そんな学校は原則的にまちがっている。よほど能力の低い教師が集まっているのか、それを強制する力に勝つ勢力が弱いかである。

授業も同じで、ベルが鳴っても続けるというのは、原則的にまちがっている。時間を守らないのだったら、最初からベルなど鳴らさないほうがよい。「けじめがない」と子どもがきらうのも当然のことである。

　そうするには、はやく授業のヤマ場に入るように導入を工夫することである。

　ところで、落語では、枕と本題とオチとが一体なのが正当である。近ごろ、こういう正当性がくずれ、主題やオチに関係なく、「なんでもいいから引っぱってやるぞ」と枕を振る芸人がふえてきた。枕というのは、本筋に入る前に、本題や、オチに必要な具体例を話し、あらかじめ観客の関心をその方向に引きこんでおくことなのである。「枕を振る」の振るは辞書的には「ゆり動かして活力を与える」意味だが、落語では「あらかじめ教えておく（むろん結論ではない）」意味で、今日の話はこんな話ですよと、最初に笑わせながら教えておくのである。

「水はどこからきて」の例でも、「こうやって大口あけて空からガブガブ飲んだか」という枕の振りは、主題をへて、やはり「空からやってきた」にオチるのである。

　だから、オチに関係ない枕話は子どもの思考を拡散させ、ゆれがおこる。首尾一貫しなければならないのである。

　授業に先立って、きょうの授業をどうまとめるか。そのためにはどう導入するか、限られた時間のなかでどう展開するのか、工夫することである。

落語をタネの授業の話は、不謹慎だと怒ってはいけない。教師も教壇という高座に上がる商売である。笑わせるかわりに、ハッとする知的世界を開示して子どもたちを魅了するのである。子どもたちは「引っこめ」「やめろ」といいたくてもいえないのだから、教師はその分いい授業をしないといけない。

28 プロの要件としての専門的力量

教師はプロである。それは、授業においては、専門的力量として発揮される。

友人に音楽の教師がいた。退職したが、ニックネームは「音《オト》さん」といった。かれの音楽の力量はきわだっていた。

①すべての楽器を演奏した。演奏できない楽器はなかった。

②楽譜を見ないでピアノを弾いた。

③即興でどんな曲想をもたちどころに弾いた。

④音楽を聴きながら、数字音譜をつかって採譜し、すぐに正確に再生した。

⑤作曲、編曲が自由にできた。
⑥オーケストレーションの作曲もした。楽器の数や種類、楽員の能力にあわせて作曲した。ブラスバンドから、プロのオーケストラまで作曲できた。
⑦オペラの作曲もやった。⑥に準じてできた。
⑧指揮ができた。非常に歌いやすかった。
⑨クラシック音楽の一部分を聴いただけで、曲名をあてた。
⑩オーディオにうるさく、シンセサイザーにもくわしかった。
⑪教師の楽団をつくって主宰した。
⑫歌うこともうまく、市の音楽会でたびたび独唱した。
⑬音楽の範囲も、流行歌からジャズ、ロック、マンボ、クラシックとその幅が広かった。
⑭レコードについても、どの曲はだれの指揮、演奏がベストか見識を示した。
⑮むろん授業はうまく、子どもたちは音楽の授業を喜んだ。

放送劇をいっしょに指導していたとき、演出のわたしが、「ここ、コーダ。10秒、激しく」「ここで、パンクチュエーション、明るくね」「このせりふから悲しく盛りあがって、ここからB・Gで流れ、S・O」「ここ、セグエしてね」と本番前に指定すると、「OK」と即興でポロポロとピアノを弾いて誤ることはなかった。

かれは、わたしの知り合った最初の音楽の教師だったので、音楽の教師はみなこうだと思っていた。

ところが、その後多くの音楽教師に接したが、この「音さん」と比較して、がっかりすることが多かった。さきにあげたうちの一つもできない音楽教師が多かったからである。わたし自身、かれと比較し、その専門性の薄さに恥ずかしい思いをした。

国語の教師のなかに、「演劇の指導はできません」。理科の教師のなかに、「天文はまったくわからないなあ」。技術科なのに、本箱とチリトリしか作れない。体育の教師なのに、「鉄棒？いや、ダメダメ」。家庭科の教師なのに、「料理、苦手なのよ」。美術の教師なのに、「油絵？だって彫金が専門だもの」――こういう例はないだろうか。

教師は、その専門性において成立している。少なくとも、中・高の教師は専科であるから、その専科において、他の追随を許さぬ力量を持っていなければいけない。理科の教師はそのなかに、生物、物理、化学、地学とあるが、「理科」の教師なのだから、「これはわからぬ」というものがあってはならない。

今日、学校が、社会に対して、知的優位性において相対的に低下してきているのは、こうした教師の専門的力量と無関係とはいいがたい。

たしかに、社会の達成度が高くなってきている。しかし、学校はつねに地域社会や家庭にはない知的優位性によって、教育を成立させなければならないのである。それ以下だったら、学校の意味はない。「それは塾で習ったよ」「なんだ、テレビで見たよ」「新聞に書いてあったよ」「ハハ、マンガで見た」「床屋のおじさんよりへたじゃ」では困る。

そのためには、学校は地域や家庭にはない、魅力ある知的世界を提供し得るところとならなければならないのである。そのキーポイントは、授業では教師の専門的力量である。それによって子どもたちは、「すげえなあ」と地域や家庭で味わうことのできない学問、芸術、技術を学ぶことができるのである。

教師は、自らの専門的力量を育て、子どもたちをハッとさせ、「すげえなあ」と感嘆せしめるものをもちたい。それには、教科のなかで、「これだ」というものをつくり、それをテコに広げ、冒頭の「音さん」のような圧倒的な力量を身につけてほしいと思う。

29 テレビっ子を倦《あ》きさせない工夫

子どもに評判の悪い授業を調べてみると、変化のない授業が多い。

一時間中、教師がしゃべっている。よほどの話芸のもち主ならともかく、そうでなければ、子どもたちはうんざりしてしまう。

集中できない子どもたちに、「やる気がないからだ」といってしまえばそれまでだが、子どもの責任にするのは酷というものだ。

今の子どもたちの緊張感、集中性は短いといわれている。テレビ時代だから、テレビのコマーシャルが入る時間になると、緊張がゆるむ。テレビのコマーシャルは、一〇分、七分、五分と入ってくるから、授業もコマーシャルが入らないとあきてしまうというのである。

たしかに、テストの時間、シーンとしてやりはじめるが、一〇分ぐらいたつと、「ウーム」とか、「むずかしいなあ」とかいったささやきの感嘆符が吐かれ、ときには、ふっと顔を上げて、「あっ、みんないっしょうけんめいやってるじゃ」と、自らコマーシャルを入れる子どももいる。

緊張に耐えられず、ふっとその緊張をはぐらかそうとするのである。

テレビのコマーシャルは、ドラマの場合、緊張が高まって、いよいよどうなるのかなと期待に胸がふくらむ、その瞬間に入るようになっている。ドラマがヤマ場にむかえばむかうほど、コマーシャルが入ってはぐらかされるのである。テレビ局としては当然の作戦で、ドラマが終わったあとのコマーシャルなどわざわざ見る人は少ないから、できるだけぜったい目をはなせない場面に挿入している。

だから、授業もヤマ場にさしかかってくると、はぐらかすやつが出てくる。

そういう状況なのだから、一時間中だらだら説明が続く授業ではいやになってしまう。ときどきコマーシャルを入れ、つぎにすすむというようにしないといけない。

コマーシャルの入れかたは、ふつう冗談をいって笑わせることである。子どもの「ワーストテン教師」に「話の長い冗談をいわない教師」があげられている。「話が長い」と「冗談をいわない」が二つくっついているところがいかにもおもしろい。冗談もいわず話をするのは、長く感じるのである。

その長く感じるというのは、ふつう三分と考えればよい。小さい子どもだったら、もっと短い。話術と教材の内容がよかったとしても、じっと話を聞いて耐えられるのは五分〜七分がせいいっぱいである。

だから、話が長くなったなと思ったら、冗談をいえばよい。おもしろい話をすればよい。ワッと笑って次へすすむ。このコマーシャルの入れかたがうまいと、子どもたちはあきない。

といっても、いつも冗談をいっているわけにはいかない。そんなおもしろい話が、どこにでもころがっているわけではない。

授業の内容とまったく関係ない冗談だと、せっかくの授業がそこで折れ曲がったり、拡散してしまう。授業に関係した冗談をいわないといけない。

「そこで、かれらは北区を通って帰宅した」というように地口落ちでふっと笑わせる。こういう冗談の技法は十何種あるそうだから、その一つ二つをマスターしておけば、そう困ることはない。

しかし、これはいささか下品である。

やがて構成を変える。「抽象→冗談」のパターンから、おもしろい話をしてそれを抽象する。具体的な話をして、それをバシッとまとめる。つまり、「具象→抽象」へと変えていく。話の上手な人のパターンはみなそうである。

しかし、それもまた、いつもというわけにはいかない。

大正時代に芦田恵之介という国語の教師がいて、かれは「七変化《へんげ》」という授業過程を考えた。「芦田恵之介の七変化」として有名である。

国語は、読む、聞く、書く、話すの四言語領域から成り立っている。この四領域を組みあわせ、七つに変化させたのである。「聞く・読む。書く・話す。書く・聞く。読む」とかいうようにである。一時限に四領域にわたって扱う工夫だろうが、こうしないと、やはり、子どもを一時間中授業に引きつけておくことはむずかしかったのかもしれない。だとすると、昔だって子どもたちを集中させることに、教師はみな腐心していたのである。

これは国語の話だが、他の教科でも、充分に応用できる。

あきさせない工夫をすることだ。

30 子どもが納得する怒りかた

理由なく怒る——そういう教師はきらいだと、教師ワーストテンに子どもたちはあげている。そんなバカなことはない。理由なく怒る教師がいれば、それは狂人である。かならず理由があって怒っているのである。

わたし自身、これまで何百人という教師といっしょにしごとをしてきたが、一度も狂気の教師に会ったことはない。

あの人は性格異常だといって、定員からはずされていた教師がいたが、管理職に頼んで、わたしの学年に入れたことがあった。しかし、異常なことは一つもなかった。じつに実直で、その実直さがあるとき一種のしつっこさになって誤解されたのかもしれないと思える程度だった。

酒を飲むと狂人みたいになる教師はたくさん知っているが、しらふでは会ったことはない。とはいえ、わたしの少ない経験だから、あるいはいるのかもしれないが、いたとしても何万人に一人いるか、いないかで、少なくとも、子どもたちがワーストテンに入れるほどの頻度をもつ分布はないと思う。

では、なぜ「理由なく怒る教師」と子どもにいわれるのか。答えはかんたんである。教師の怒る理由が、子どもにわからないからである。教師には充分怒る理由があるのに、それが子どもにとってまったく理解できないからである。

授業中、私語する子どもがいる。教師はそれを目の端にとらえるが、注意すると授業の流れがそこで途切れ、気勢がそがれるし、愉快な気分が中断されてしまう。チラッと見る。そのうち私語はやむだろうと、ちょっとがまんして授業をすすめる。と、また別のところでゴソゴソやりだす。けど、今せっかく盛りあがっているのに、注意すると途切れる。注意すると不愉快にもなる。また感情を押さえて授業をすすめる。とまた別のところで……と、だんだん不愉快さが高まって、もうこれ以上我慢が切れた。そこで「そこ！　なにやってるんだ！」と爆発する。

子どもはハッとするが、考えてみれば、なんでおれだけ怒るんだ。さっきから、あっちでも、こっちでも、おしゃべりしてたじゃないか。なのに、なぜ、突然おれだけ怒るんだ。今だってうしろのやつがつっついたんだ。だから、うしろをふりむいて「やめろ」といったんだ。うし

ろのやつを注意しないで、なぜ、おれだけをそんなに激しく怒るんだ。おれを差別しているのか、教師が生徒を差別していいのかよ！

こうして、理由なく怒る教師、差別する教師として、きらわれるのである。

教師の胸のなかでは、充分に怒りが発酵しているのだが、それは子どもに見えない。

テレビコマーシャルに「トリスのおじさん」が出てきて、トリスを飲むたびに、だんだんと下半身から上半身にかけて赤く染まっていくのがあった。あんなふうに教師の怒りが子どもに分かると、「あっ、もうじき爆発するぞ」となって、怒られたときの理由もはっきりするのだが——。

だから、怒るときは公平でなければならな

いし、子どもに、なぜ怒るのか、充分に分からせないといけない。

同時に、授業がうまく流れているときや盛り上がっているとき、私語、いたずらする子どもがいたら、「このこと、山本くん、どう思う」と聞くとか、「一班！」と軽く注意する。

あるいは、説明をやめて、その子どもを軽くジッとにらむ。同時にほかの子どもたちも、教師の視線でわかるから、いっせいにジロッと軽くにらむ。と、まわりの子がすばやくサインをおくって注意するというようにしつけたりして、その子どもがハッと気がついてやめたら、またおだやかに説明を続ける。

不愉快さをためこまない工夫をすべきだろう。不愉快になる前に、指導して、その感情を醸成させないようにしたい。そうすれば、一挙に爆発させることもない。怒りをためこむなんて、だいいち精神衛生上からもよくない。

31 ひいきはよくないというけれど

ひいきはよくないという。たしかに、子どものあげるきらいな教師像のナンバーワンは「できる子・いい子をひいきする先生」である。差別する先生は大きらいというわけだ。

わたし自身、子どものころ「ひいきされているな」と感じたことがある。昔から、ひいきはあった。

昔の教師のひいきはすごかった。新制中学が発足したころ、若い教師はみんな、ひいきの子どもをもっていた。なかにはひいきしすぎて、結婚にゴールインした例はいくつもある。それにくらべれば、今は少なくなったといえる。

そして今日では、多くの教師はひいきはよくないと思い、「しているか」と問えば、「していない」と答える。にもかかわらず子どもたちは、ほとんどの教師がひいきしているという。

この差異は、いったいどこからおこるのだろうか。

教育界にはタブーがたくさんある。教師としていってはならないこと、してはならないことがある。もっとも近ごろ、こうしたタブーがつぎつぎと破られ、管理職が保護者に自校の教師の悪口をいったり、子どもを警察に密告したり、子どもの悪口をいったりするものもあらわれてきた。

それにあやかるつもりはないが、大切なことなのであえていうのだが、教師も人間だから、たくさんの子どものなかで、好きな子ども、嫌いな子どもがいることはたしかだ。ほんとにどこから見ても困ったやつだという子どももいれば、反対に、なにをやらせてもすがすがしく好感がもてる子どももいる。ひいきと見られるのは、どうも、教師の好悪の感情が反映してのことではないかと思う。

ほんとうは、そういう感情さえもってはならないと思う。まして、それを表現したり、そのことによって差異をつけてはならない。そうはいっても、どうしても、教えたことをきちんと理解する子ども、すなおな子どもには好感をもってしまう。そして、なぜかそういう子どもにはかわいい子が多い。

しかも、教師が好感をもつ子どもというのは、子どもたちのなかでも「勉強のできる、かわいい、よい子」として、羨しがられる存在でもあるから、教師が好感をもつと、それがほかの子どもにとっては、ひいきと見られるのである。

しかし、「勉強のできる、かわいい、よい子」をいくらひいきしたって、つまらないのである。そういう子どもはどこへいってもひいきされるのだから、今年ひいきしたって、来年には忘れられてしまう。だから、やめたほうがいい。ひいきしたって一文の得にもならない上に、まわりの子どもから「ひいきする先生」と見られ、指導が成立しなくなってしまい、大損である。

ひいきするなら、そういう子どもとはまったく反対の、勉強のできない子ども、貧しい家庭の子ども、みんなから相手にされないネクラな子ども、いじめられやすい子どもをひいきしたらよい。

そういう子どもをいくらひいきしたって、子どもたちは決してひいきしているとはいわない。むしろ、信頼され、尊敬されることもある。疎外されている子どもを大切にしているからである。

そういう子どもをひいきしたら、「先生の隠し子でしょう」というから、「バレたか」といって大笑いして、「でもひいきしすぎかな」というと、「いいじゃない。小学校のとき先生からいつもバカ、グズっていわれてたんだから、先生、うんとひいきしてやんな」

恵まれない子は大いにひいきしたい。それはひいきとはいわないかもしれないが、恵まれない子に目をかけることは、教育の原点でもあるのだ。教育は、恵まれない子どもから発想し、指導を総合化していくべきだからである。だから、大いにひいきし、親しく交わりを結ぶべきなのである。

その結果、そういう子どもは生まれてはじめて、教師から、あたたかい、やさしいことばをかけてもらったのだから、心にしみて、生涯その教師を忘れることはない。いつまでも「先生、先生」と慕ってくる。これこそ教師のだいご味というべきだろう。

32 〈殺し文句〉か〈きまり文句〉か

忘れ物をすると、平気でよそのクラスの友人から借りてくる子どもがふえてきた。ちょっとした道具なら、そう目くじら立てることもないが、ノートまで借りてくる子どもがいる。よそのクラスでも同じことを教えているので、借りてきたノートを見ては答えたりして、なかには「あれ、同じこと教えてらあ」などと感心しているやつもいる。これをほっておくと、何も持たないで学校へきて、友人に全部借り歩くという子どもも出てくる。

しかし、「忘れたんだから、借りたっていいじゃないか。なにも持たないで授業を受けるよりマシだと思うよ」といわれると、こちらもぐっと詰まってしまう。わたしなど内心、「そりゃ、まあ、そうだな」と、その理屈に変に感心してしまう。

ところが、たいがいの教師は、「うるさい。くだらないことというな」と怒ったり、「いっさい貸し借りしてはいけない」と禁じたり、あるいは、水戸黄門お得意の葵の紋章ばりに校則をふりかざして、「これ！　この学校のきまりが目に入らぬか！」と〈きまり文句〉でとりしまろうとする。

しかし、ここで怒ったり、とりしまってはならないのである。教師たるものの面目にかけて、子どもの変な理屈に打ち勝つ論理を立て、「ハッ」とさせなくてはならない。そういうことばを俗に〈殺し文句〉という。〈殺し文句〉で「なるほどなあ」と感心させ納得させなければならないのである。

子どもたちというのは、じつはそういう〈殺し文句〉を待っているのである。子どもたちは自分たちをハッとさせる〈殺し文句〉に弱い上に、〈殺し文句〉に含まれる論理の遊戯に感嘆し脱帽する知性をもっているのである。そして、子どもたちは、常にそのような知的なゲームを教師に期待しているのである。だから、教師のほうも半分は遊びのつもりで、子どもの屁理屈をへこます論理を立てて、やりこめてやらなくてはならないのである。

それをいつも〈きまり文句〉でとりしまっては、子どもの反感をそそるだけである。〈殺し文句〉と〈きまり文句〉、このちがいを認識すべきだろう。

ある子どもが先のようにいうから、「なるほど、そりゃそうだ。参った。ところで、きみの職業はなんだ」

「学生」

「そうだな。じゃ、学生の商売道具はなんだ」

「勉強の道具」

「よく分かってるな。ところで、きみのお父さんの仕事は大工だな」

「はい」

「じつに腕のいい匠《たくみ》の棟梁《とうりょう》だ。ところで、お父さんは、カナヅチ、ノコギリといった商売道具を持たずに仕事場に行って、きみみたいにあっちこっちよその大工に借り歩いているのか」

「そんなことしないよ！」

「そうだろう。では、きみもお父さんと同じように、商売道具をちゃんと持って仕事場にきたらどうだ」

「うまいこというじゃ。先生」

これはたまたま成功した例だが、父親を尊敬していたから成立したのである。どこのだれにも通用する〈殺し文句〉になるかどうかは保証の限りではない。

〈殺し文句〉というと、いかにも技巧的、策略的に人情の脆《もろ》さ弱さにつけこんで、罠にはめこむレトリックと考えられがちだが、けっしてそうではない。

美しい文学的修辞を用いれば〈琴線にふれることば〉である。ちなみに琴線とは、感動して共鳴する感情をいう。だから琴線にふれることばとは、その感情にふれ、その感情を納得の方向にむかって揺り動かすことばという意味である。

論理だけで子どもを動かすのではない。感情も同時に共鳴させる。これが〈殺し文句〉である。

教師はそういう〈殺し文句〉をたくさん準備し用意し、時に臨み機に応じて自在に駆使できなくてはならない。

そうでないと、「ちこくするな」「いいじゃ、ちこくしても」となったとき、〈きまり文句〉によってただ管理的に押さえこむとりしまりに堕してしまう。すぐれた教師はたくさんの〈殺し文句〉をもっているのである。

33 生活を育て、学習主体を育てる

力のある理科の教師がいた。この教師を呼んで、研修会で学んだとき、「宿題を忘れた子どもをどうしますか」と質問が出た。「廊下へ出して、そこでやらせて、できたら教室に入れます」と答えて、みんなをびっくりさせた。廊下でやるというのは、床の上でノートを広げて書くことである。わたしも見たことがあるが、はいつくばってみじめである。

いつかＮＨＫテレビで、忘れものした子どもたちにゲンコツをくれ、後ろに立たせておく教師と廊下にすわらせている教師の例が放映されていた。

たしかに、道具や宿題をしょっちゅう忘れる子どもがいて、こっちもいささか頭にくることがある。一昔前の子どもは、叱ればそれでかなりの効果があった。

しかし、近ごろはそうかんたんにはいかなくなった。わたしもいろいろとやってみたが、罰を加える方向では絶対になくならないことがわかった。

宿題を忘れる子どもには、三通りある。

一つは、宿題をやろうとしたが、「できなかった」場合。しかし子どもは「できなかった」とはいわない。「忘れました」という。恥ずかしいからである。

だから、宿題の出しかたを変えなくてはならない。

子どもの力に応じて選択できるようにするとか、あるいは、「先生が宿題を出したとき、できそうもないと思ったら、そっと『できない』といいにこい。そうすれば先生も考えて、おまけしたり、やさしい宿題に出しなおしてやるから」とか、工夫する。

二つは、学校の門を出ると学校のことはすっかり忘れてしまう子どもがいて、「やってきたか」といわれてはじめて、「えッ、ウソ！」と思いだす子どもである。こういう子どもは、叱ると涙を流すが、翌日はもう忘れて、果てることがない。底のないバケツで水を汲んでいるみたいである。

三つは、はじめからやる気のない子どもである。

さきの教師のやりかたでは、二番目の子どもには、どうやらちょっぴり有効だが、一番目の子どもは永久に教室に入ってこれない。三番目の、はじめからやる気のない子どもには無効である。「廊下でやれ」といわれたら喜んで廊下に出て、そのまま遊びに行ってしまう。あるいは、最初から廊下に出ていて、教室に入ってこないかもしれない。

宿題をただやってこないと叱っただけでは、変えられない。学習意欲のない子どもは、何回怒ったってやってこないのである。

それは、生活意欲がないからである。だから、学習意欲もないのである。

宿題にしろ、道具忘れにしろ、授業中の集中度にしても、それを支える学習意欲は、生活意欲が支えている。「いい授業さえすれば授業は成立する」神話は崩壊したのである。

このことが分からない教師は、子どもたちが荒れれば荒れるほど教科研究に打ちこんだ結果、軒並み惨敗を喫している。なぐられた教師もいる。戦後活躍した高名な教師は、「こんな子どもたちは教えられません」とやめていった。

生活を育てなくては授業が成立しないことに気づくべきである。生活意欲がないのは、生活主体がないからである。生きる主体がないのに、学ぶ主体になれるはずがない。

宿題忘れ、道具忘れに正面からとりくむには、その子どもの生活総体を再組織していかなければならないのである。廊下に出してやらせるとか、ゲンコツをくれるとか、後ろに立たせておくだけでは、いつまでもなくならない。

小学校ではそれですむが、そうやられた子どもは教師不信をいだき続け、中学生になって教師にそのうらみをはらす。中学校の校内暴力の多くは小学校でまいた種に花が咲いたものだ。

授業を支える生活、授業の前、後にある生活、その生活を指導することなしに、授業は成立しない。忘れものする子どもは、「家に帰って、どんな生活をしているか」調べ、その生活を再建させるとりくみをしないといけない。

しかも、今日、子どもの生活は大きくくずれてきている。病める家庭、崩壊する家庭が増加し、子どもの生活そのものが失われてきている。そのなかで管理の刀をふるって勉強に集中させようとしても、うまくいくはずがない。

◐——帰りの会

34 子どもを集中させるしくみをつくる

帰りの会（朝の会も）から私語を追放し、集中させるにはどうしたらよいか。

帰りの会でも、係の子どもや教師からさまざまな連絡事項が伝達される。

たとえば「野球部の生徒は着がえしないで、会議室に集まるようにとのことです」と顧問の教師からの連絡事項を伝達する。そのとたんに、教室中に私語の花が咲く。

「えっ、なんだ、今日、部活あったのかよ」と改めて驚く子ども。「会議室?」「なにをやるの?」と教師に聞きかえす子ども。「会議室って、どうやって行くの。行ったことないよ」と隣りに話しかける子ども。それに答えて、「ほら、いつか、BがCとケンカしたとき生徒指導のDに連れて行かれて二時間説教されたところ、あそこが会議室よ」などと答え、そこからBくんのうわさ話がはじまる。

なかには、「なんだって、野球部？　どうしたの」と、よそみしていた子どもが、野球部ということばを小耳にはさんで聞きかえす。そうでなくても、ざわざわしていた教室がこのことでいっそう騒がしさを増していく。

私語なく集中するように、司会者はむろんはたらかなくてはならないが、制度的に私語をしなくてすむようにしておかなくては追放できない。

そこで「質問」を保証するのである。係の子どもや教師の連絡のあと、かならず今の連絡に「質問はありませんか」と司会者がよびかけるようにしておくのである。そこで聞きたいこと、確認したいことを問わせればいいのである。そのかわり、友人や教師の話はいちおう黙って聞くのだと指導する。

さて、質問をうけると、「会議室って、どこにあるんですか」「なにもって行くんですか」「どれくらい時間がかかるんですか」

なかには、「遅れて行ったらどうなるんですか」「部活の服装を今日忘れたんですが、忘れものにされるんでしょうか」

最初はふざけた質問の出ることも覚悟しておいたほうがいい。どんな質問も私語のかわりと思えば安いものだ。

教師はつねに一方的に話をし、指示し命令し評価することが多い。子どもは、そのことに不感症になっている。「どうせたいしたこといわないんだから、聞いてなくとも、あとでだれかに聞けばいい」

もう一つ私語が多いのは、「よくわからない」からである。ことばの意味を深くとらえる洞察力に欠けてきているからである。

たとえば、「漢字の書きとりを勉強しなさい」というと、「一回書くんですか、二回書くんですか」「送りがなつけるんですか」「かなふるんですか」「このページ全部やるんですか」「同じ漢字が出てきたらどうするんですか」「意味も調べるんですか」「テストするんですか」「一行アケて書くんですか」「ノートに書くんですか」と鉄砲玉のように質問がでる。なかには「忘れたらどうなるんですか」

こういう質問を聞いてると、子どもというのは根は生まじめで正直者なのだなあと思う。教師の側からは当然と思うことも、子どもはしんけんに受けとめ、それをまじめに遂行しようとしている。

だから、もしも質問を保証しなければ、これらはすべて私語へと増幅されることになるのである。教師の話にも子どもたちの質問を保証する——このかんたんなことが、意外に、教師の話への集中性をつくりだすのである。

子どもたちの側からいえば、教師の話の腰をおってヤジるように聞きかえしたり、聞きそこなって友人に尋ねることをすこしガマンすればいいのである。そのガマンができないものは、まわりから「シー」と忠告をうけ、やがて注意深く集中できるようになっていく。

35 スタイルをつくって指導する

帰りの会の集中性は、一つは、スタイルや物質的環境を整えることでつくりだす。

たとえば、ふつう係の子どもたちの伝達事項は、発言を求めたものを指名し、自分の席でいわせるが、わたしは前へ出し、教卓の位置からみんなにいわせるようにしてきた。

しかし、一人ひとりやっていたら時間がかかるから、「連絡のある人、みんな出てきてください」と前へ出し、一人ひとり発言させ、発言終了後も前に並べて待たせておき、いちおう終わったところで、司会者が「質問ありますか」と問う。質問者は、「だれだれさんに質問」と指名して問う。だれだれといわれた子どもはすぐに教卓の位置に出てきて、答える。司会者もむろん教卓の位置から発言させる。

こういうスタイルは、厳格に守るように指導しないといけない。

乱れる会は、司会者の位置、発言者の位置が定まっていない。ひどいクラスになると、自席で司会をやっている例もある。

指導する子どもには、指導する位置をきちんと教えなければならない。まんなかに立ったときは、からだをまっすぐにむける、右方七・三の位置についてしゃべるときは、ややからだを左にむけ、左方後方のほうにむかって話すようにする、など教えてやらないといけない。

また、係の発言も、「美化係からの連絡です」と最初にいわせる。こういう発言のスタイルも教えていく。

また、係からの伝達は、報告なのか、提案なのか、要求なのか、分からないことがあって、いつのまにか、決議しようとしていることがある。「体育委員からの連絡です。クラスにボールが配られますが、サッカーボールがいいか、バレーボールがいいか、どっちがいいですか」

こうなると、帰りの会は集会なのに、いつのまにか総会になってしまう。これが混乱のもとである。

どうしても決めなければならないときは、連絡が終わってから司会者が、「では、総会に切りかえます。議長出てきてください」。議長が出てきて、「では、第三一回学級総会を開きます。ノート書記、黒板書記一班、おねがいします。では、提案してください」

そこで、体育委員は、どっちがいいかではなくて、「バレーボールにしたいと思います」と原案を出す。討議はその原案にもとづいておこない、「では、終わります。議事録署名は二班おねがいします」で終わり、ついで司会者が出てきて帰りの会を続ける。

こういうように、集会・総会を区別することも教えていく。

物質的環境も大切である。机、ゴミ、窓、黒板、教卓の上、掲示板、それらがキチンとしていないと集中性がつくれない。

とくに子どもたちの机上をどうするか。乱れた帰りの会を見ると、カバンを机の上にのせていたり、教科書、ノートが出しっぱなしだったり、クラブの道具がのっていたりする。朝の会でも、カバンがそのままのっていたり、教材、教具が出されていたりする。

それらは雑然としたふんい気をつくる。また、机の上に置いてあるものに子どもの関心が注がれ、ときには宿題をやっていたりするものも出てくる。カバンの陰でゴソゴソいたずらするものも出てくる。クラブの道具があれば、それに子どもの心は飛んでいってしまう。

だから、机上に何も置かせないほうがよい。帰りの会（朝の会も）がはじまったら、「机の上のものをしまってください」と司会者が呼びかけ、カバンは所定の位置へ置くなどさせ、机上を一掃させる。こうすると、教室がにわかに広々となり、司会者と子どもたちとをダイレクトに結ぶ空間が成立する。コミュニケーションをさまたげる雑物が排除されたのだから、ことばの通りがよくなる。つまり、雑音発生要因が除去されたことになる。子どもの姿態も、お互いに直視され、これまでの見えなかった部分でのいたずらや内職がしにくくなる。

もっとも、メモ帳は机上に開き、連絡事項をいつでもメモできるようにさせる。「連絡します。メモしてください。三つあります」と、メモをとる習慣もつけていく。

このような独自のスタイルをつくること、物質的環境を整えること、こういう基礎作業の上に、帰りの会の指導をすすめていきたい。

36 ほめ上手な教師は、好かれる教師

怒ることはあっても、やはりほめることで導くようにしたい。「Aくんが窓ガラスにボールを

投げようとしたら、Eくんが『よせよ』といった。なかなかいえないことだ」

帰りの会は、きょう一日を評価してほめてやりたい。

教師の資質に天稟《てんぴん》というものがあるとすれば、子どものなかに善なる成長を発見できる力ではないかと思う。子どものなかから、よいことを発見するのは、それほどむつかしい。

ほめようとしてもなかなかうまくいかないときは、一日五人ほめるときめておいて、机の上に名簿をひろげ、「月曜日は一番から五番まで、火曜日は六番から一〇番までほめる」と機械的にやってもよい。あるいは、一人ひとりはムリだとしたら、班を単位にしてもよい。

しかし、「いくらほめても効果がない」という教師がいる。

小学生のころ、担任の先生は教室に入ってくると、ぐるっと教室をみわたしてから「うむ。一の側《かわ》の人はみんなとても姿勢がいいな」とほめた。すると一の側以外のものはいそいで姿勢をただした。「ようし、ほかの側もみんないい姿勢になった。たいへんよろしい」とほめてくれた。

授業中でもこれと似たように、「前の方はよく手があがる。えらいぞ!」とほめる。すると、わたしたち後ろの席のものも、いそいで手をあげた。

子どもは先生にほめられたいという気持ちをもっている。そこを巧みについた評価だった。

一の側が姿勢がいいということは、この側ほかは悪いということである。前のものが手をあげているとほめたことは、後ろのものの手があがっていないと言外に非難をほのめかしていたことになる。そこで、二の側ほかは、ほめてもらいたい一心で姿勢をただし、後ろの席のものも、いそいで手をあげたのである。

その心底には、先生にほめてもらううれしさがあったからだ。

では、教師がほめれば子どもたちはうれしくなり、ほめられようと努力するか、というと、けっしてそうではない。ほめてもらってうれしい教師と、そうでない教師がいる。ほめられるとかえってしらけた気持ちにさせられてしまう教師がいるのである。

後者の教師だとしたら、いくらほめても効果はないどころか、ほめればほめるほど子どもたちを遠ざけてしまう。

いったいこれはどこに起因するのだろうか。

一つは、ほめかたをまちがえたときである。子どもたちが、ほめられた子どもの行動がそれに値しないと判断し、それ以上に本人がそのことをけっして自慢できないといった場合である。こうした場合、教師の洞察力の浅さを見破られ、以降、ほめてもあまり効果をあげることにはならない。あるときは「あの先生はひいきしている」といった、いわれのない批判を受けることにもなる。

もう一つは、子どもがほめられてうれしいのは、それが好きな先生、信頼する先生、尊敬する先生だからである。大好きな、信頼し、尊敬する先生にほめられるからうれしいし、また、ほめられたいからよいことをしようとするのである。

嫌いな先生、信頼してない先生からほめられたって、いっこうにうれしくないのである。ほめればほめるほど子どもはいやになってしまうのである。

とすると、信頼されていない教師のクラスの子どもは、その教師にほめられても少しも変わらないことになる。


ほめてもうまくいかないという場合、得てして、後者の例が多いのである。つまり、ほめるそれ以前に、教師自身が、子どもに好かれ信頼され尊敬される教師にならなければ、ほめても効果はあがらないのである。子どもに好かれる教師になってはじめて、教師の評価が子どもを立ちあがらせていくのである。

では、どのようにして好かれ信頼される教師になれるのか。

この答えはそうかんたんにはいかない。かんたんに答えられ、かんたんに実行できることなら、とっくの昔に、校内暴力はゼロに近くなっているはずである。

ただいえることは、好かれ信頼され尊敬される教師は、子どもが大好きな教師であり、子どものなかに、善なるもの、美しきもの、真なるものを発見しほめることの上手な教師である。とすると、教師はときにほめまちがっても、子どものなかにある成長性を発見しては、ほめつづけることである。子どもの伸びゆく可能性を発見しつづければ、やがて子どもたちの信頼と尊敬をかちうることができるだろうと思う。

37 しらけた表情に惑わされまい

ほめても能面のようにしらけている子どもがいる。帰りの会で、教師が話をしたり歌をうたったりゲームをしても、しらけた子どもがいる。

気になる子どもで、そういう子どもを見ていると、気勢がそがれる。なにかやろうと思っても、その子どもの顔が浮かんできて、「やめた、やめた」となる。しらけた子どもは、教師をいじけさせ、ひっこみじあんにさせ、やる気を失わせる。

わたしもそのしらけ顔にずいぶん悩まされた。ゲームを教えようと思って勢いこんで帰りの会へ行くが、そのしらけ顔をみると急に自信を失い、「やめよう」とすごすご帰ってくる。それでもまた翌日、「負けるもんか」と思って行くが、またうなだれて帰ってくる。そんな経験を何回もへてきた。

しかし、しらけに負けてはいけない。それはそれとして、別わくにおいておいて、やるべきことをやらないと、ほかの子どもたちに損害を与える。

しらけた子どもは、表情にそれがあらわれる。しかし、子どもの心と顔は、しばしば乖離しているのである。

学級PTAで話すことがある。教師の話をウンウンとうなずいて聞いている母親と、しらけた顔の母親がある。こちらとしては、どうしてもウンウンとうなずきながら聞いてくれる母親に心がいって、そのウンウンに話のリズムをあわせる。

これは、大勢に講演するときのコツでもある。しらけた顔を見て話をすると、だんだん自信を失って、つかえたり、口ごもったり、話がこんがらがったり、ときには何を話しているのか忘れてしまうことがある。ウンウンとうなずいている人を見つけて話をすると、気持ちよくすすめられる。

ところが、学級PTAで、ウンウンうなずいて聞いている母親ほど、じつはよく分かっていない、ぜんぜん分かっていないことが多いのである。反対に、しらけていた母親のほうがよく

分かっていて、正しい理解を示すことがある。

顔だけでは、案外わからないものである。

そういう経験をへて、しらけた子どもを見ていると、その心は意外に熱く燃えていることが多いことを知った。

「飯盒《はんごう》すいさんやろう」といったとき、大勢の子どもがワーッと喜んだが、なかにしらけた子どもがいて、その顔を見たとたん、やる気をなくしてしまったことがあった。それから一週間、ワーッと喜んだ子どもたちは忘れてしまったのか、「やろうよ」といいださない。ところが、しらけて、こちらのやる気を失わせた例の子どもがやってきて、「先生、いつ、やるのよ」という。「おれ、飯盒、借りてきたんだ」。びっくりし、とたんにうれしくなった。

こんなものである。

それ以来、しらけた顔に惑わされずすすめることにした。


覚えてきた歌をうたってきかせたことがあった。「うたってやるぞ」というと、子どもたちは、ワーッとはやしたて、「ぬかみそくさる」とか、「耳がつぶれる」と笑った。でも、うたうと拍手してくれた。なかに二人、しらけたのがいて、はやしたてもせず、拍手もしなかった。

ところが、帰りの会が終わってそうじになったとき、その二人のうちの一人がホーキではきながら、「先生、あんがい、歌、うまいじゃ」とほめてくれた。だったらどうして、あのとき拍手しなかったんだよ、と思った。すると、さっき拍手した子どもが、「うまいかね。おれ、気持ち悪くなったよ」と憎まれ口をたたいていた。

それから何日かたった。しらけたほうのもう一人の母親と道で会った。「先生って、とても歌がお上手なんですってね」「えっ」「いえ、子どもが帰ってきて、そういうんですよ」

だから、しらけた表情にだまされてはいけない。なにか「やろう」というと、しらけた表情の下に隠されたその心は、立ちあがり、すぐにやりはじめるのである。ほめれば、その心は躍っているのである。

――と信じて、しらけに負けないことだ。これは、教師仲間に対してもいえることだ。

38 いじめを暗示する危険信号22

帰りの会ですわっている子どもたちを見ると、それぞれきょう一日の学校生活を背負っている。いつも生き生きしている子どもが、「何か元気がない」、これまでいじけていると思った子どもが「女子に強い態度で出ている」とか、「疲れて顔色の悪い子ども」「得意満面、気持ちよさそうな子ども」とか、いろいろある。

態度の変化、健康状況を見て、指導を組み立てる。かんたんに「どうした。気分悪いのか」と声をかけることもあろう。態度の変化には、友人関係の変化、集団内のウラ側の位置の変化などあるから、よく調べてみる必要がある。

朝の会と同じように、子どもたちを観察するのである。

なかでも、とくに、いじめられた子どもはいないか、どうか、鋭く観察する必要がある。

いじめがあっても、なかなか教師の耳に入ってこない。知ったときには、手遅れのときが多い。

だから、耳をすまし、神経をとぎ、鋭く心眼をはたらかせて、子どもたちの様子を観察したい。

こんなときは危険信号である。

①学校を休む。ちこくする。下校が早い。ギリギリに登校して、終わるとサッと飛ぶように帰る。

②朝の会、帰りの会、授業中もそうだが、泣いていたり、浮かぬ顔をしていたり、いじけていたり、いつもと様子がちがうとき。

③一人でおくれて、元気なく教室へ入ってきたとき。

④洋服が破けたり、汚れたりしているとき。

⑤傷、コブ、あざ、充血、鼻血、裂傷などあるとき。骨折したとき。

⑥ある子どもの椅子や机がこわされているとき。

⑦ある子どもの持ちものが隠されたり、なくなったりするとき。

⑧ある子どもの机などに落書きがあるとき。

⑨授業や朝、帰りの会のはじめに、ある子どもの机が乱れ、教科書、ノートや文房具が散乱し、ひろっているとき。

学校を休む
ちこくする
下校が早い
危険信号
泣いていたり
浮かぬ顔を
していたり…
洋服が破けたり
汚れたりしている
傷、コブ、あざ、
充血、鼻血、裂傷、
骨折
椅子や机が
こわされて
いる
机などに
落書きが
ある
バカ
正しい意見
なのになぜか
支持がない
一人ポツンと
している
用もないのに
保健室や
職員室へきて
時間をすごす
リーダーが
突然やめたい
と、いってきた

⑩学級総会や、授業で、ある子が正しい発言を述べると、「えーっ」と感嘆とも嘲笑ともつかないヤジがおこるとき。
⑪正しい意見なのに、なぜか支持がないとき。
⑫用もないのに保健室、職員室へきては、時間をすごす子ども。
⑬一人ポツンとしている子ども。
⑭その子どもをほめると、嘲笑やしらけがおこるとき。
⑮あとで「なによ先生。あんな奴ほめてよ」とケチがつくとき。
⑯グループでないのにトイレからいっしょに出てきたり、おくれていっしょに教室に入ってきたとき。
⑰活動中、ある子どもに「死ネ」など激しい罵倒がとぶとき。
⑱かげ口、わる口のなかで、とくにある子どもが激しく憎悪されるとき。
⑲リーダーが突然やめたいといってきたとき。
⑳教室のものがこわれ、「だれがやった」と聞くと、特定の子どもの名がふざけ半分にあげられるとき。
㉑「これ。だれにやってもらおうかな」というと、特定の子どもの名がふざけ半分にあがってくるとき。

㉒ある子どもが「クラスの恥だ」と批判されるとき。

こういう観察のうえに、いじめの指導にとりくみたい。帰りの会はその資料がもっとも豊富に提示されているといってよいだろう。

39 そうじのしかた・手順を教える

そうじ指導の目標は、「人格陶冶《とうや》にある」として、「床を磨けば心が光る」と考えるとらえかたがある。仏教思想である。インドはカースト制があって、そうじは最下層民のしごととされてきた。ところが、お釈迦さんが愚昧《ぐまい》な男の指導に思い悩んだ末、そうじを課したところ、にわかに心が光って善知識になった、というエピソードから人格陶冶、人間修行に利用されるようになった。

しかし、そうじ指導の目的は、きれいにすることである。保健衛生観を基礎としたい。きれいにすることが目標だが、教師は最初、そのことにこだわらなくてよい。「きれい」は結果であり、まず、きれいにするしかた、とりくみかたを教えることだ。正しいやりかたを教えていけば、必ず「きれい」な結果になる。

これは指導の原則だ。教育は理想を目的とするが、その理想のイメージだけに強く訴えかけても、やりかたを教えなければ、精神力でそれをやりとげることしかなくなってしまう。「富士山の頂上に登れ、さあ登れ、根性があれば登れるんだ。登れないやつはたるんでるんだ。寒い？うるさい！　精神力があれば雪も氷もとけるんだ！　さあ登れ！」と同じである。指導は科学であるから、目的に至る手段の力を育てれば、結果は自然に手に入るのである。

そうじの指導は、だからやりかたをていねいに教えていかないといけない。

①そうじの最初と終わりかたを教える。全員が集まってはじまり、全員が集まって終わる。

②そうじの手順を教える。どういう順番にそうじをしていくのか、教える。

③手順にしたがって、道具の使用や作業の分担をきめる。一週間単位の当番だったら、一週間分の分担表をつくる。分担は毎日かえていくようにし、同じ人が同じことをやらないようにする。欠席したものがいたら、どうするかもきめておく。

④道具の使いかたを教える。それぞれ道具には特性があるから、その特性を活かして使用できるようにする。近ごろ、そうじ用具も種類が多くなってきたので、出入りの業者を招い

て研究するとよい。

⑤道具のしまつのしかたを教える。どうしまつしてしまっておくか。たとえば、雑巾は、ゆすいでしぼって掛けておく。ホーキはひもでつるして掛けておく。なぜ、そうするのか、もいっしょに教える。

⑥道具の管理の係、美化係、清掃委員に、管理のしかたを教え、それにともなう指導をさせる。

——ここまでが第一段階である。この六つのことができれば、教室はみるみるきれいになる。

ついで、第二段階に入る。

⑦時間内でやり切ることである。学校日課できまった時間があるが、たいがいはオーバーしてだらだらやっている。その時間内でやり、さらに時間をつめる。中学生だったらふつう、教室のそうじは、一つの班、八人として、一五分で充分である。一五分をめどにすばやく片づけるようにする。

そして第三段階は——

⑧すみずみまできれいにする。床のそうじは、壁面にぶつかったら、かならず壁面にそって二度、三度往復してすみをふく。すみがきれいな教室、これがほんとうにきれいな教室である。すみが一段と光っている教室、これが最高の「きれい」である。

つぎに、幼・小・中・大そうじを教える。

幼そうじという用語はないが、かんたんなそうじ、「かんたんそうじ」である。机、いすなど、ものを動かさないでお墓のまわりを掃くようにするお墓掃きと拾い掃き、机の上をふく程度のそうじである。一校時で打ち切りの日、テストの日など、幼そうじですませることがある。

小そうじは、毎日のふつうのそうじ。

中そうじは月一度や、学校行事のあとなどにやる。

大そうじは学期のはじめ、終わりにやる。

中・大そうじは、そのつどでいいから、係の子どもと相談して、目標・分担・所要時間をきめてとりくませるとよい。

40 傷つけながら近寄ってくる子ども

放課後、ブラブラしていると、「先生、なにしてんの」と子どもが寄ってくる。

二言、三言かわすと、やつぎばやに、

「先生、いつもその服着てるね。その服しかないの。ダサイよ」「奥さんが、お金みんな使っちゃうんだよね」「髪の毛も汚ないよ」「顔まで汚れているじゃ」「汚れているんじゃないんだよね。できそこないなんだよね」「その顔見てると、吐き気するもんね」「ゲボ、ゲボ」「先生、毎朝ゲボ、ゲボ、やっているでしょう」「朝、顔洗うたんびに自分の顔見て、ゲボゲボ」「だから顔洗わないいんだよ」「そうか、だから汚ないんだね」

かってなことをいう。こういうことをいうのは、たいがいくずれた子どもたちのグループである。どちらかというと、古い人間のほうだから、アタマにくることもある。しかし、内心自分でそう思っている点、真実をついてくるので、かなり傷ついてしまう。人はさげすまれるといじけて反論できない弱さがある。

こんなのはいいほうで、もっともっとひどいことをいわれてがっくりしている教師もいる。

二〇代の教師が、やはり少しくずれた男の子たちに、「先生いくつ?」「ええッ、五〇歳かと思ったよ」「だって歩きかたはノロクサしてるし、しゃべりかたはボソボソしてるし」「そのかっこはおじさんっぽいよ」「ほんとに二八歳?」「ウソーッ」「授業はトロクサイし」「みんなねむたがってるよ」「きらってる人、多いよ、先生のこと」「中西先生のほうが、ずっといいって」「ウチの母ちゃんも、あの先生じゃ生徒が気の毒だっていってたよ」「先生、やめなよ」「老人ホーム、行きなよ」

近ごろでは、こんなことをいうのはくずれた子どもたちだけではなくなってきた。一般にこんなふうに教師に寄ってくる子どもがふえてきた。

しかし、こんなことに驚いたり怒ったりしていては、きょう日の教師はつとまらない。こういわれたら、「しめた」と思わなくてはいけない。これは信号なのである。

子どもは教師と仲よくしたいと思っている。しかし、どう仲よくしていいのか、分からないのである。子どもの身になって教師と仲よくするにはどうするかを考えてみると、ひどく実態のないことに気がつく。いつもせわしそうに動いている教師に、いつ近寄り、なにを話題にどう話しかけ、どう交わるか。仲よくしようと思うと、とっつきようがないのである。

子どもが教師と「仲よくする」常識からいえば、礼節をわきまえて近づき、信頼と尊敬にみちたまなざしをもって慎み深く接し、二度、三度とそれを重ねていって、「この本、読んでみたら」とか、「今度の日曜日、遊びにおいで」といわれることである。

しかし、こんな常識は通用しなくなった。

今の子どもたちは、仲よくしようと思う教師に、切りつけ傷つけながら接してくるのである。ナイフで心臓をグサリとついて、「仲よくしよう」といってくるのである。残念なことに、そう

いうやりかたでしか近づいてこれないのである。

だから、子どもたちが、「おじさんっぽいよ」などと教師をからかい傷つけてきたら、「そうか、参ったな」といってから、「おじさんで悪かったなあ。こんなかわいい生徒を教える先生がおじさんじゃ、まったくかわいそう」とあいづちを打って、それを許容してやることである。それが子どもたちの「仲よくしよう」というメッセージに対する教師の「いいとも」の返答なのである。

それを逆にアタマにきて、「そんなこというべきじゃない」「教師にむかって、なんてことをいうんだ」「親しき仲にも礼儀ありってことを知らないのか」「世のなかにはいっていいことと悪いことがある」と拒否的態度に出ると、子どもたちは、「ふん、やっぱり老人ホームへ入れちまうべ」となってしまう。

子どもが変わってきている。切りつけられたら、それを武器にして仲よくしていけばいい。

「おい、今日は少し髪きれいだろう。美容院に行ってきた」

「へえ、ほんと。でもさあ、そのネクタイさあ……」

さきのガックリした若い教師にも、この子どもたちの気持ちを教えてやった。男の子たちが放課後、またその教師のもとに寄ってきたとき、教師が、「今日の授業、眠くなかったろう」というと、「うん、眠くなかった。おもしろかったよ。いつもああやればいいのにさ」。つぎには授業のあと追っかけてきて、「先生。さっきの話、あれ、ほんとうの話かな。あの写真、もう一度、見せて」と仲よくなっていった。

こんなふうにしていくと、冒頭の女の子たちも、「先生、また同じ服着てきたの。やだ、恥ずかしいじゃ」「かっこ悪いよ」「ほら、グレーの背広あったでしょ。あれ着てくれれば。あれ、似合うもん」と寄ってくる。

こっちが何を着ようと、恥ずかしがることはないのに、と思うが、仲よしの好きな先生には、いつもパリッとしていてもらいたいのだ。もう子どもたちは、教師をそれほど身近に感じはじめたということである。

41 よその教室をのぞいてアイデア頂戴

放課後、よそのクラスをのぞいてみたい。

中学校の教師のほとんどは、よそのクラスに授業に行く。授業しながら室内を見ることができるから、授業に行かないほかの教室をのぞく。

小学校は、そういう機会が少ないから、特別によその教室をのぞきに行ったほうがよい。学年会などもちまわりで教室で開くといい。

なぜ、のぞくのかというと、教室経営を見るためである。

教室は、教師の個性によって飾られる。どんなふうに、なにが掲示されているか。背面黒板になにが板書されているか。清掃用具はどう管理されているか。それぞれ興味深い。その教室に、教師の指導が見えるからだ。

教室を歩くと、たくさんの収穫がある。宝の山である。ついでにいろいろなことにもぶつかる。班長会議をやっているクラスもある。学級総会をやっているクラスもある。あとで「どうしたんですか」と聞いてみる。なるほど、そういうときに開くのかと、一つ利口になる。カーテンを子どもといっしょに繕っている教師がいる。なるほどこうやりながら子どもと親密さをましていくのかと思う。そのたびに、「よし、これもまねしてやろう」「なるほど、いいアイデアだなあ。これももらっておこう」

清掃用具置場に花模様のカーテンがかかっている。その上に民芸品が飾ってある。旅行好きな担任の心ばえがしのばれる。「これ、さっそくまねしよう」

「こりゃ、なんだ」入口にノレンがかかっているクラスがある。

掲示板もいろいろだ。学級の歴史。クラスの目標。壁新聞。

背面黒板の使いかたもいろいろだ。

「あれ。これなんだろう」

背面黒板に「落とし物せり市大会。あす、帰りの会におこないます」と書いてある。なにをするんだろう。

しかし、このクラスの先生に聞くのはしゃくだ。「ライバルだからな」と思ったら、翌日「探偵団募集！『三年一組の落とし物せり市大会』ってなにをするのか、そっと調べてくること」と、子どもたちから探偵団を募集して調べさせ、おもしろいことだったらさっそくやってみる。

後日、ライバルが、「こんなことやってる」と自慢そうに話したら、「ああ、あれ、ぼくもやってるよ」となに気なくいう。いい気味である。

　分からないことがあったら、そこにいる子どもに聞いてみてもいい。

　グラフがある。赤いシールが貼ってある。「これ、なに?」と子どもに聞いてみる。

　ノートが下がっている。「このノート、何に使うの」と聞いてみる。バラバラッとめくると、夏の学級キャンプの話し合いの記録である。「あれ、もう、こんな計画しているの。へえ、きみなんか、いつ行くの?」。こりゃうかうかしてられないぞ、自分も早々にとりくまなくちゃと思う。

　歌詞がかかっている。「これ、なに？　あ

あ、今月の学級の歌。毎月かわるの？　どうやってみんなに教えるの？」

多くの教師は、それぞれ工夫して学級指導をしているが、そういう情報はなかなか公開されることはない。聞けば教えてもらえるが、ちょっとしたアイデアだから、人様にいうほどのことはない、と遠慮しているのだ。しかし、そのちょっとしたアイデアの裏に、途方もなく大きな実践が隠されていることもある。

学校を歩き、教室をのぞき、盗むのである。けっして恥ずかしいことではない。これは、教師の知的探求心というものだ。

42 子どもの生活が見える教室つくり

教室を見ると、一瞬に担任教師の力量が伝わってくる。「ああ、この先生はよくやってる先生だなあ」と分かる。

校内研修会などによばれて学校の廊下を歩いていると、ハッとする教室にぶつかることがある。あとで「あの教室の先生は?」と聞くと、「ええ、あの先生は本校の生活指導のリーダーですよ」といわれ、「やっぱりな」。教室のつくりがちがうのである。

そこに入ると、子どもたちも教師もいないけど、今、このクラスがどんなことをやっているのかと、そのいきいきした声が伝わってくる教室なのである。

一般に、小学校の教室はきれいである。中・高の教師に、「一度見てきなさい」といいたい。これも一般的にだが、中・高の教室は殺風景で、監獄のようである。そういうと、「いいえ、小学校でも、そういう教室がふえてきました」という嘆きを聞くようになった。

じっさい、学校をまわって教室をのぞくと、まったく子どもの生活が見えない教室もある。教師が見えない教室がある。それは、教師に生活への愛がなく、教師が教育者でないのではないか、というように感じられる。

教室を美しく飾ることからはじめたらどうだろうか。自分の部屋を飾るように考えればよい。よそのクラスから学んだことを大胆に活かしていく。たとえば花を飾ったらどうか。いつも花の咲いている教室、これだけだって、心がなごむ。

荒れた学校がテレビで放映された。カメラが廊下、教室を写していくが、ガランとして、荒涼たる風景であった。「こんな教室で勉強していたのか」、荒れるのはあたりまえだと思った。

乱れた教室、荒れた教室から非行が発生する。チョコチョコしたいたずらが発生し、それが大きくなって器物破壊へすすむ。しかし、教師がいつもきれいな教室にしようとすれば、子どもたちも、その気になってもっと美しい教室にしようとなる。問題は、やはり教師である。教師はものを通しても教育しているのである。

もっとも、なにも活動しない学級からはなにも生まれてこない。

クラスの目標、憲章、班や委員の編成表、時間割、うたごえの掛図、日直や当番表、各委員会の記録ノート、総会の議事録、決議事項、約束、学級の歴史、学習の資料、学級写真、貴重品袋、掃除道具一覧表、子どもの作品、児童会・生徒会ニュース、立候補ポスター、壁新聞、他クラスの新聞、賞状、鏡、カレンダー……。

教卓には座席表、チョーク箱、花びんに花。

棚はどうか。鉛筆削り、落とし物箱、小物入れ、事務用品入れ、用紙箱、大工道具箱、日用大工用品入れ（釘、ビス、金具）、辞書、プリント綴り、未使用ぞうきん入れ、石鹸入れ、トイレットペーパー……。

黒板には教科予定や連絡、週の予定、連絡事項、学級総会議事予定、欠席欄……。

カーテンはどうか。金具ははずれてないか。汚れてないか。手洗いの石鹸、保護網は破れてないか。消毒液はどうか。清掃用具はどうか。

そういう一つ一つが、学級の子どもの生活を反映している。

ときに人けのない放課後の教室にすわって、もの思いにふけるのもおつなものだ。子どものいすにすわってみる。こんな固いいすに六時間もすわっているのかと、子どもの気持ちになってみる。

「痛い！」、尻に鋭い痛みが走る。見ると、古いいすから釘のアタマが出ている。急いでトンカチで叩く。

子どもが「どうしたの」と寄ってきて、「先生は大工もやるの。うまいじゃ」「先生ってのはなんでもやる。ほら、突っ立って見ているな。職人一人にバカ八人っていってな。見てないで、ほら、その道具箱にもう一つトンカチあるから、いすをまわって釘のアタマを叩いてやれ。まちがって先生のアタマ叩くなよ」「石頭だから、トンカチこわれちゃうもんね」

ものに触れ、ものを通して子どもの生活に触れてみる。

43 地域を歩くと見えてくる

新任・転勤したら、まず学区を歩く――これが教師の常識である。しかし、この常識も通用しなくなってきた。

マイカーやほかの交通機関の発達は、教師をいっそう地域から引き離した。何年勤務したら転勤という実情を無視した機械的な強制転任もまた、教師を浮き草にして地域から引き離し、学区を歩くことを少なくさせた。

わたし自身をふりかえると、最後の勤務校の池上中学校は四〇学級、一七〇〇人というマンモス校だった。そのため、大型ブルドーザーでガラガラと開墾したような気持ちで、その前の不入斗《いりやまず》中学校に勤めていたときが、いちばん子どもたちが見えていたように思う。

それは、学区の町から通勤していたからである。学区の町――といっても、有権者三千人ほどの小さな町だったが、三〇年近く住み、青年団長やら町内会の副会長をやって、地域のことを細かく知っていたからである。

学区には一〇ぐらいの町内会があったから、全部というわけにはいかなかったけれども、三〇年も住んでいて、しかも小学校も旧制中学校も学区内の学校を卒業したし、最初はその学区の母校の小学校に勤めていたし、市の青年団協議会の会長もやっていて、学区内の青年団の指導にもよく入っていたから、学区内について知らぬことはなかった。一〇メートル歩くと、同級生、教え子、友人、知人の家にぶつかった。

これは強みだった。学区の親たちが、日ごろどんな生活要求をもっているか、どんな教育要求をもっているか、理解できた。わが家のトイレに入ると、親たちの井戸端会議がつつぬけに聞こえた。

だから、「どこのだれ」というと、そこの景色、家並み、生活状況や保護者きょうだいの顔が浮かんだ。どこで、どんなふうにあそんでいるのかさえ、イメージできた。ときにまちがえることもあったが、子どもたちをその家庭や地域の生活のなかでほぼ見ることができた。

朝、よそのクラスの子どもでも、ふくれっ面してると、「また、夫婦げんかがあったな」、ちこくしてくると、「あそこの母ちゃん、ゆうべ酔っぱらって朝起きられなかったな」、飯をくわない子どもがいると、「金を使いはたしてしまったな」と。だから、子どもの行動に共感できた。

この経験は、のちに子どもを見ることに役立った。子どものなかに生活や地域を見ようとすることになったからである。

学区に住むのはいやだという教師がいる。学区に住んでいてもひっそりとして、あまり町のことに手出し口出ししない教師もいる。だが、住む、住まないは別にしても、教師としては学区のことにくわしくならないといけない。

地方に行って、駅に降りると、「ああ、ここは問題がありそうだ」「ここは問題がない」と感じでわかることがある。家並みがしっとりとあたりの自然や風物のなかにとけこんでいる町や村には、問題が少ない。反対に、古いもの、新しいものが反発し、異質なものが競合し、人工と自然の統一感に欠けたり、乱れた家並、けばけばしい町に問題が多い。そうした町や村の景観は、そこに生活の変化、文化の衝突、人を寄せつけぬ異和感があって、強く子どもたちに影響しているのである。

地域は、だから子どもたちの揺籃《ようらん》であり、精神の糧を供給しているのである。

地域を見るだけでいい。たったそれだけでもいい。地域を知ることは、子どもを知る一歩になるのである。

地域を歩くようにしたい。地域のその景色、その家並み、露地を見、匂いをかぎ、そこで働く人の声を聞けば、そこにどんな生活の営みがあるのか知ることができる。

44 病気の子は見舞ってやりたい

病気で入院した子どもがいた。教師が「お見舞いしよう」と提案すると、「そんなにしたければ、先生がお見舞いすればいいじゃ」と子どもたちがいったという。

子どもどうしの心理的距離がひどく遠くなってきた。強い結束を誇るグループもあるが、「同じて和せず」の状態で、人間の本質的なところでは決して連帯していない。不和雷同するが、人生への見識を示さぬ野合が多い。

これは、教師と子どもの関係でもいえる。

そういう子どもたちの距離の遠さにのったのだろうか、「子どもの欠席の見舞いまで教師はする必要があるのか」という声もあるとか、ないとか。だからだろうか、欠席した子どもにたいしてひどくそっけなく事務的である。職業的儀礼として電話するが、それで終わりである。

欠席が続いたら、教師はむろんのこと、子どもたちにも見舞ってやるよう指導したいものだ。

これは人間的交わりの初歩である。

骨折で自宅療養になった子どもがいた。その話をしたら、嘲笑がおこった。「バカが。だいたいあいつはよ」

それを聞いて子どもたちの距離を縮めてやろうと思った。それができるのは教師しかない。班でお見舞いすることにした。朝の会で欠席がわかるから、分担を決めて準備する。最初はわたしも行った。子どもたちといっしょに歩くのは楽しかった。

お見舞いのことばのあと、司会役の班長が、「では、きょう、勉強したことを教えます。一校時は国語。山本くんが説明します」

山本くんが説明する。教科書、ノートを開かせ、きょう勉強したことを話す。途中わからなくなったら、助けを求めてよい。一人五分から一〇分である。「なにか質問ありますか。なければ二時間目。体育。佐藤くん、おねがいします」。佐藤くんが、「きょうはバスケットのシュートをやりました。からだ全体をバネにして……そのあと、二組と試合。負けました」。試合の様子を話す。

こうして六校時分を伝える。「最後はきょうのニュース。わたしが話します」。ここは班長の役目だ。「三つありました。一つは、このあいだなくなった水島さんの財布が出てきました。一年生が交番にとどけておいてくれたんだそうです。二つは、山崎先生が結婚するらしいというわさが流れています。相手は吉崎先生らしいということです。三つは、五班が先生からほめられました。ゴタゴタしている五班は、話しあいの末、男女がまとまって、司会係に立候補することにきまったからです」と話す。それからひとしきりにぎやかな雑談。お母さんがお茶をいれてくれることもある。

これを、四日間続けた。

班のなかには部活や医者通いするものもあるから、そういう子どもは、最初のほうの分担を選んで、説明したらすぐ帰るとか、部活が終わった帰りに寄って自分の分を伝えるとかした。

一時間ぐらいの見舞い勉強が、そんなに効果があるとは思えない。欠席の空白を軽く埋める程度だ。むしろ、学校があまり好きでない子どもだったから、欠席あけの抵抗を取り去り、スムーズに学校生活に戻ることができたことのほうがよかった。

しかし、おもしろかったのは、教えるほうである。小先生になるのだから、数学の分担になった子どもは、授業中、これまで質問したこともなかったのに、先生に質問してびっくりさせた。

そういう副次的な効果もあったが、なによりもよかったことは、子どもたちが、生活を通して友人を理解するようになったことだ。

骨折をした子どもの家は農家である。今は地域でも珍しい。見舞いに行った子どもたちは、農家の暮らしぶりを発見することができた。広い土間や農機具、庭であそぶニワトリに驚いていた。

これまで「あのバカ」といっていた子どもたちだったが、「あいつ、今ごろ、あの広い部屋でポツンと寝てんのかなあ。さびしいだろうな」というようになった。

子どもたちのこのような見舞いは、どの子どもにも無条件であてはまるとはかぎらない。複雑な家庭の状況があって欠席することもあるからである。しかし、子どもどうしは、大人が考える世界と別の世界に生きている。少人数で、「おい、どうしたんだよ」と気軽に見舞いに行ったって、なんの不思議もないのである。

大人の変な遠慮が、かえって子どもたちの距離を遠くしているのかもしれない。

45 事件を起こした子の家庭訪問は

教師は、子どもが事件をおこしたり、なにか問題をもって欠席していると思われるとき家庭訪問する。

しかし、そういう場合、あまり目立たぬように訪れなくてはならない。途中で知った保護者や子どもに会って、「先生、どちらへ」と聞かれても、「ええ、知ってる人がいるもんですから、ちょっと、そこへ」とことばを濁すようにしたい。貧しい家庭に行くときに、真っ赤な外車を横づけするといった無神経なことはやめたほうがいい。

事件をおこした子どもの家庭訪問はむずかしい。「おたくのお子さんはこんな悪いことをしました。まったく困るんです」とやったのでは、相手は恐縮するどころか、逆に「なんですか」と開きなおって、けんかになることもあり得る。

「今日は、あやまりにきました。申しわけありません。わたしたちがついていながら、学校でタバコを吸わせてしまいました」という。

事実、そう思う。学校は教師たちがいて、子どもたちの生命、健康の安全を管理している。にもかかわらず子どもたちが、教師の目を盗んだとはいえ、タバコを吸ったのだから、「教師はいったいなにしてるんだ」と責められてもしかたがないのである。「ついては、これからそういうことのないよう、わたしたちはこんなふうに指導していきたいと思っています。そして二度とおこらないようにいたします」と指導の見通しを語り、二度とおこさない決意を披瀝《ひれき》する。

「ついては、家庭のほうでもご協力いただきたいと思います。いかがでしょうか」

こういうと、学校でタバコを吸っているくらいだから、家のなかでもやっているわけで、

「いえ、先生、ほんとうに申しわけありません。まったくこの子は、もう困ってるんです。ひっぱたいてやってください」

「家ではどうかわかりませんが、学校では、リーダーとしてがんばっているんですよ。朗らかで明るい子ですね。思いやりもあって、とても友人を大事にして人望もあるんです。今日は魔がさしたと思います。人生、一度や二度の失敗はあるものです」

こう話をすすめていけば、カドが立たずにすむ。これは学校に親を呼んだときもおなじである。

親だって困っている。それを、「親はなにしてる!」と責めたてれば、親は困惑し、うらみを残し、不信感をつのらせ、ときに逆上してくる。

親は子どもが悪くなると、学校はなにをしてるんだと思う。だいたい教師がよくないんだ。「もとはといえば、小学校のあの教師がだいたいよくなかった。この子を目のかたきにして、なんでも悪いことをこの子のせいにした。あれ以来おかしくなった。それに、あの教師ばかりじゃない」――と、日本国中の悪い教師の例を全部もちだして攻撃してくる。

わたしも、責めたてたことや怒鳴ったこともあったが、決してよい結果は生まれなかった。

親は困っている。教師もじつは内心、困っている。だから困ったものどうしが連帯して、この子のためにいい知恵を出しあい協力しあいましょう、これが、親と話しあう大切な視点である。

なにか問題をもって欠席していると思われているときは、まず、「からだの具合が悪いんでしょうか」とお見舞いするのが原則である。そうすると、「いえ、その……」と少しずつほぐれてくる。ほぐれてきたら、「そうですか。それは知りませんでした。申しわけありません、気がつきませんで」といったり、「そうですか、それは大変ですね」と受容して聞いていく。

親は子どものことで教師にすがりたい気持ちでいる。教師にはほんとうのことも打ち明けてみたいと思っている。だが、信頼できるのか、どうか、不安でもある。その不安をふきとばし、「信頼できる教師である。いっしょに考えてくれる教師である」、そう親が感じるように、「ことばを選び辞を低くし」接しなければならない。一段高いところから、「親はなにしてる」と居丈高にいったところで、結局は、子どもを不幸にするばかりである。

46 一日の終わりの小さな総括

夜、一人になるとふっと、学校のことが気になる。テレビを見ていても、いつしか学級の子どものことを考えているということはないだろうか。

「家へ帰ると、いっさい学校のことを忘れることができる」そういう教師がいたが、うらやましいと思った。わたしは一度もそういうことがなかった。「忘れるぞ」と思っても、あれこれアタマがかってに紡ぎだしてくる。「アタマめ、せめて家へ帰ったら、学校を忘れろ!」というのだが、成功しなかった。デモ・シカ教師のなれの果てだが、その時代からそうだった。だから、「忘れる」ことはやめた。開きなおることにした。性格の問題だとあきらめることにした。

そういう性格だから、学級にゴタゴタがおこったりしてると、落ちつかない。サークルの仲間や友人に電話して、どうしたらいいか相談してみる、実践記録を読む、論文を読む、書いてみる、考えてみることをやった。

寝ていてもフイと、「そうだ。一班の問題はあした班長の田辺を呼んで、こんなふうに指導しよう」と思う。目が冴えてきて、「いや、三班にもこういう指導をしないといけない」「そうだ。四班の島田、あのとき変な目つきで見ていたな。あのこともなんだか気になるな。よし、あした調べてみよう」

学級のこと、授業のこと、教師集団のこと、研究会のことなど、つぎつぎに浮かんでくる。ところが、翌朝になるとケロッと忘れてしまう。学校に行くと、「なんだっけなあ」と思い出せない。と、その夜、「しまった。島田のこと忘れてた。あれ、プリントの印刷も忘れてた」と後悔する。

そこで、寝るとき枕元にメモ用紙をおいて、ふっと思い浮かんだことをメモすることにした。そのことは、実践をすすめるうえでの小総括のふしになった。

人はときどき、不意に大きく見渡せるときがあるもので、メモをとるようになってから瞬間的に、実践の総体、構想、手順、総括といったものの姿がチラつくようになった。子どもの胸

が透けて見えるといったこともおこった。芥川龍之介の「杜《と》子《し》春《しゅん》」みたいな、邯鄲《かんたん》の夢みたいな一瞬である。

だが、それは一瞬のことで、たいがいはぼんやりと見すごしてしまう。それをメモがとらえることになった。

こうすると、意外にあるもので、一夜で五つ、多いときは一〇ぐらいのメモができた。「①四班島田」と書くだけである。

そのメモをもって学校に行く。メモを見ながら、休み時間にくる連絡係に、「ええと、一校時の休み時間、島田くん。二校時の休み時間は四班の班長……」と頼んで呼んでもらった。メモの効果は大きかった。学校に行くと、つい現実に負けてしまうが、冷静に考えた指導事項を着実に処理することで、前よりはいくらかましになった。夜の小さな総括が、つぎのステップを生んだのだろう。

夜、一人でものを思うと、自分が客観化できるのだろうか。人は自分の巣に身をおいて、はじめて自分が見えてくるのであろうか。以来、人はどこかでそういうときをもつべきではないかと思うようになった。静かに自分の実践をふりかえるときを、である。

わたしはすぐに忘れてしまうので、そのことをメモした。メモをしなくてもいい。実践をその日に静かに小さく総括すればいいのである。

夜は家庭のものだが、ふと静まって一人になったとき、もの思いにふけるのも悪くはない。学校はあまりにも多忙で、実践をふりかえる余裕はないから。

47 目を遠くに、覚悟をきめていそいそと

朝、子どもたちに教えているように、朝食を食べる。教師のしごとは、腹のへるしごとで、朝食を食べないと、午前中に疲れが出ていらいらする。

朝はちこくしないように家を出る。ちこくしないように出勤するのは、働くものの倫理である。協業のしごとをしようとするものたちが、一同に会して朝の打ち合わせをするわけで、そこにおくれることは、働くものたちへの侮辱でもある。交通事情が悪化してきているから、その分を勘定に入れて家を出る。

朝はすずやかに出勤したい。そういうと、「とてもそんな気分になれない」という。暗い気分で出勤することが多いという。「なにも事件がなければいい」と祈る気分で出勤することが多いという。

今日の教師の受難状況は日本だけでなく、アメリカでも四〇パーセントの教師が「教師になったことを後悔している」そうである。日本では四人に一人の教師が「できれば退職したい」希望をもっているという。しかし、そうかんたんに退職したり転職したりできないから、四人に一人はつらい思いを秘めて出勤していることになる。

たしかに次々と事件がおこり、一つの事件がおさまらぬうちに次の事件が発生する。いつ、なにがおこるか分からない。

しかし、考えてみると、非行がおこってあたりまえ、問題がおこってあたりまえの時代なのである。事件がおこらないほうがおかしい、と考えてみたい。

非行は、中学一年生なら一二歳、一二年かかってこうなったのである。だから、一二年間かけてよくしていくんだ、その一年目を今わたしははじめるんだ、と考えればいい。それを、一時間、二時間の説教でよくしようとするから、まちがえるのである。野球選手はケガで一週間休むと、元どおりに回復するまで二週間かかるという。身体の故障が二倍かかって元どおりになるというのだから、精神の故障だったら、その三倍、四倍かかっても不思議はないのである。あせることはない。

そして大切なことは、見捨てないことだ。そうすれば、子どもの心にちょっぴり灯がともる。

自分が担任していたときは立ちなおらなかったが、その灯さえあれば、次の教師がまたその灯に導かれ、その灯を大きく燃やすことができる。いや、学校にいるあいだ、よくならなかったとしても、自分を見捨てなかった教師への信頼は、人間への信頼にひろがり、その灯はずっとその子どもの人生を照らしていくのである。

ところが、あせって、すぐによくしようとして、説教し、管理し、力で押さえ、あげくのはては「もう知らん。かってにしろ」とほうり出すと、子どもの心に教師への不信と憎悪が宿るのである。

こうなると、次の教師が引きついで指導しても、いったん子どもの心に巣くった教師への不信と憎悪を消すことはなかなかできない。

子どもは自分を見捨てた教師に、そのとき直接、抗議できない。そのときはまだ小さく、教師に力があったのでがまんしてきた。しかし、今は大きくなり、教師への不信と憎悪をぶつけることができるようになった。そこで、自分を見捨てた教師め、と、目の前にいる教師につかみかかっていくのである。つかみかかられた教師はじつはめいわくなのだが、子どもはそういうことでしか、教師に復讐できないのである。「ぼくはちがうぞ」といいたいが、黙ってそれを受けるしかない。教師の代表として受けるしかない。時間をかけて子どもの心をときほぐしていくしかない。子どもにとって、自分を見捨てたかつての教師も、今、目の前にいる教師も一蓮托生、みな、同じ教師なのである。

だから、見捨ててはいけない。見捨てられた子どもは世の中へ出て、教師にたいする不信を人間にたいする不信と憎悪へと拡大再生産し、ますます落ちこんでいくことになる。

子どもを見捨ててはいけない。

そう覚悟ができれば、指導の困難さに悩むことはない。「今日はどんな事件があるのか楽しみだ」といそいそと出勤することができる。さあ、明るい顔で出発しよう。

あとがき

高文研から発行されている『月刊・考える高校生《教師版》』（注・二〇〇六年三月に終刊）に、当世流にいえばおもしろまじめ風に、最初は「教師のからだ・教師の心」、途中から「教師の一日」と題した小文を連載した。一年半ほど続けたところで、それをもとに新たに五〇項目を書きおろして、『教師の一日』一冊にまとめるようすすめられた。

内容は、まえがきにも書いたが、じつは自分があまりできなかった反省から、職場の若い教師たちに「こうなってほしい」といってきたことである。

教師は教育のプロであり、プロとは恥を知るもののことだからである。

教師としてのあれこれは、若いうちに自分のものにしておかないと、年をとってから困ると思ったからだ。自分が困るだけならいいが、いっしょにしごとをする仲間や教わる子どもたちはもっと困るからだ。

とくに近ごろはやりの管理主義や取り締まり生徒指導は、じつは無知が招いたやりかたでもある。教育とは何かがよくわかっていない、知性の欠如による暴力なのである。そうなってほしくないとの願いからの出版でもある。

原稿ができあがって、いよいよ入稿の前夜、ふと「孟子」を拾い読みしていたら、ある一文に出会った。

「人の患いは、好んで人の師と為るに在り」

人間の病いの一つは、何かというと人の師になりたがることだ、それは自らの進歩をさまたげることだ、というような意味である。

このことばを早く知っていれば、あまり大きなことはいえなかったのにと思ったが、今となっては手おくれである。

老婆心ながらの一冊として読んでいただけたら幸いである。

一九八四年八月

家本芳郎

《新版》の刊行について

本書は一九八四年に発行され、現在（二〇一〇年）まで21刷と版を重ねてきたロングセラーです。この四半世紀の間、教育現場の状況も子どもたちの実態も大きく変わってきましたが、ずっと読み継がれてきたのは、こうあってほしいという教師の姿が、豊かな経験にもとづいて生き生きと述べられているからです。

しかし、時代が移り変わるなかで、教育現場の状況も子どもたちの実態も大きく変わり、例示されている数多くのエピソードの中には今日の状況にそぐわないものも出てきました。それだけ大きく時代が動いたということですが、しかし、本書で述べられていることは教師のあり方・仕事を考える上での基本的な指標であり、今なお貴重な実践的指摘であることに変わりはありません。

そこで、著者の家本先生はすでに他界されているため、著作権者のご遺族とご相談の上、今日のとくに若い読者にとって読みやすいように、もとは六六話で構成されていたのを四七に精選してしぼり込み、イラストも新しく加え、《新版》として新たに刊行することにいたしました。

ごくわずかの事例のうち、どうしても必要と思われる部分に最小限の修正を加えましたが、そのほかにはまったく手を加えてはいません。すべて原本の通りです。
原本と同様、この《新版》もまた多くの先生たちに読み継がれることを願っています。

二〇一〇年一月

高文研編集部

家本芳郎（いえもと・よしろう）
1930年、東京に生まれる。神奈川の小・中学校で約30年、教師生活を送った。主として学校づくり、生徒会活動、行事・文化活動、授業研究に励む。長年、全国生活指導研究協議会の活動に参加。退職後、研究・評論・著述・講演活動に入る。全国教育文化研究所、日本群読教育の会を主宰。2006年２月没。
著書に『ＣＤブック・家本芳郎と楽しむ群読』『群読　ふたり読み』『群読をつくる』『新版・楽しい群読脚本集』『教師のための「話術」入門』『教師のための「聞く技術」入門』『イラストでみる楽しい「授業」入門』『イラストでみる楽しい「指導」入門』『子どもの心にとどく・指導の技法』（以上、高文研）ほか多数。

広中建次（ひろなか・けんじ）
1954年、山口県に生まれる。漫画家。主な著書に『アサシオくん』（双葉社）『はりきりケン太くん』『マンガ　仏事入門』『漫画　歎異抄』（本願寺出版社）『ＣＯＭＩＣ　錦鯉入門』（新日本教育図書）『やまぐちの昔ばなし』（長門時事新聞社）『香月泰男』（山口新聞）『村田清風』（三隅町教育委員会）『学校はだれのもの!?』（高文研）など。

《新版》子どもと生きる
教師の一日

●二〇一〇年二月一五日――――第一刷発行

著　者／家本芳郎

発行所／株式会社 高文研
東京都千代田区猿楽町二―一―八
三恵ビル（〒一〇一＝〇〇六四）
電話　０３＝３２９５＝３４１５
振替　００１６０＝６＝１８９５６
http://www.koubunken.co.jp

組版／株式会社Ｗｅｂ Ｄ（ウェブ・ディー）

印刷・製本／精文堂印刷株式会社

★万一、乱丁・落丁があったときは、送料当方負担でお取りかえいたします。

ISBN978-4-87498-435-2　C0037